U1016110

高等职业教育通用教材

大学语文

主　编◇王红丽　佟景渝
副主编◇侯计先　胡　晴
参　编◇李海霞　肖俊玲　卢赛男　余美菊　霍洪峰

广东高等教育出版社
Guangdong Higher Education Press
·广州·

图书在版编目（CIP）数据

大学语文/王红丽，佟景渝主编．—广州：广东高等教育出版社，2022.10（2025.8重印）

ISBN 978-7-5361-7313-2

Ⅰ.①大… Ⅱ.①王… ②佟… Ⅲ.①大学语文课-高等职业教育-教材 Ⅳ.①H193.9

中国版本图书馆CIP数据核字（2022）第165152号

大学语文

DAXUE YUWEN

出版发行	广东高等教育出版社 地址：广州市天河区林和西横路 邮政编码：510500 电话：（020）87553335 http://www.gdgjs.com.cn
印　　刷	广东海洋印刷有限公司
开　　本	787毫米×1 092毫米 1/16
印　　张	11
字　　数	200千
版　　次	2022年10月第1版
印　　次	2025年8月第4次印刷
定　　价	42.00元

前　　言

高等职业教育肩负着为新时代中国特色社会主义建设、为中华民族伟大复兴培养高素质的技能型人才的重任。文化素养决定着人的素质，“大学语文”课程是高职院校达成高素质人才培养目标的必要和核心课程。

本教材教材坚持以“立德树人”为核心，以学生终身发展我目标，以学生的人文素养、思维发展、审美构建和文化继承与发扬为本位，回归语文功能，体现职教特色，为培养与新时代中国发展相适应的、德智体美劳全面发展的高素质劳动者和技术技能人才奠定基石。

高等职业院校《大学语文》是以高等职业院校学生为对象的公共基础课教材，本教材以“中国学生发展核心素养”为基础，结合高等职业院校学生实际情况及发展需要，以培养新时代中国特色社会主义建设高素质技能型人才为培养目标，通过“一轴、三维、六径”的逻辑体系，力争构建起以“立德树人”为核心，从“语文基础、文化素养、职业素养”三个维度，“语言理解与应用、语言表达与沟通、文化继承与发展、审美发现与创造、思维发展与提高、职业融合与创新”六个路径这一多维立体的大学语文课程体系，筑牢高职院校学生文化素养的根和魂。

《大学语文》逻辑框架表

<table>
<tr><th></th><th>一轴
（立德树人）</th><th>三维</th><th>六径</th><th>课型</th></tr>
<tr><td>专题一</td><td>格物知世界</td><td rowspan="8">语文基础
文化素养
职业素养
三个维度的教学必须贯穿于每一节课的教学中</td><td rowspan="8">语言理解与应用；语言表达与沟通
文化继承与发展；审美发现与创造
思维发展与提高；职业融合与创新
通过课堂教学，以及课堂前置和课堂后置的时空延展，从六个路径的空间落实多维素养达成。</td><td rowspan="8">讲读课
自读课
综合实践课
研究探索课</td></tr>
<tr><td>专题二</td><td>致知敏智能</td></tr>
<tr><td>专题三</td><td>诚意树正念</td></tr>
<tr><td>专题四</td><td>正心明是非</td></tr>
<tr><td>专题五</td><td>修身塑品德</td></tr>
<tr><td>专题六</td><td>齐家彰文明</td></tr>
<tr><td>专题七</td><td>治国惠百姓</td></tr>
<tr><td>专题八</td><td>平天下，世界和</td></tr>
</table>

本教材以学生为本位，更关注学习者在学习过程中的体验和感悟，更注重方法和规律的探究与发现，把中华民族优秀的人生观、价值观、世界观的教育熔铸在教学的每一个环节。

为保证《大学语文》课程标准的有效达成，建议教学课时安排 36 ~ 54 学时（讲读课不少于 32 学时，自读课、综合实践课、研究探索课不少于 18 学时）。

本教材逻辑框架和体例由佟景渝负责，选题、文选、统稿由王红丽负责，胡晴、侯计先、李海霞、霍洪峰、卢赛男、肖俊玲、余美菊参与了编写。

由于编者水平有限，存在不妥和疏漏之处在所难免，敬请使用者批评指正。

编　者

2022 年 8 月

目　　录

专题一　格物知世界 …… 1
【讲读课】周易（乾【卦一】） …… 2
庖丁解牛 …… 7
孔子学鼓琴师襄子 …… 10
续说园（节选） …… 12
【自读课】偶题三首 …… 15
应有格物致知精神 …… 17
【综合实践课】 …… 19
【研究探索课】 …… 20
专题二　致知敏智能 …… 23
【讲读课】论语（四则） …… 24
又答王庠书（节选） …… 26
人间词话（节选） …… 28
在岳麓书院的演讲（节选） …… 30
【自读课】三元里 …… 34
我曾七次鄙视自己的灵魂 …… 37
【综合实践课】 …… 39
【研究探索课】 …… 41
专题三　诚意树正念 …… 43
【讲读课】论语（四则） …… 44

扬子江（并序） …… 46
戒失信 …… 48
宽容（序言） …… 51
【自读课】不苟（节选） …… 55
三顾茅庐（节选） …… 57
【综合实践课】 …… 60
【研究探索课】 …… 61

专题四　正心明是非 …… 63
【讲读课】大学·正心章 …… 64
论四端 …… 66
荀子·解蔽（节选） …… 68
学会艺术的生活 …… 71
【自读课】苏轼词二首 …… 73
谈动 …… 77
【综合实践课】 …… 80
【研究探索课】 …… 80

专题五　修身塑品德 …… 83
【讲读课】论语（五则） …… 84
诗经·卫风·淇奥 …… 86
大学（节选） …… 88
人生的境界 …… 91
【自读课】白马篇 …… 94
假如给我三天光明（节选） …… 96
【综合实践课】 …… 102
【研究探索课】 …… 103

专题六　齐家彰文明 …… 105
【讲读课】礼记·修身齐家章 …… 106
触龙说赵太后 …… 107
宝玉挨打（节选） …… 110
神女峰 …… 115
【自读课】左传·郑伯克段于鄢 …… 117

我与地坛（节选） …… 121
【综合实践课】 …… 124
【研究探索课】 …… 125

专题七 治国惠百姓 …… 127
【讲读课】论语（四则） …… 128
鄘风·载驰 …… 130
刑赏忠厚之至论 …… 132
敬告青年 …… 135
【自读课】商於子论治国 …… 141
己亥杂诗 …… 142
【综合实践课】 …… 143
【研究探索课】 …… 144

专题八 平天下 世界和 …… 145
【讲读课】礼记·礼运（节选） …… 146
论语·颜渊（节选） …… 150
墨子·兼爱（上） …… 152
人类和谐宣言 …… 154
【自读课】老子（五则） …… 157
习近平谈人类命运共同体 …… 160
【综合实践课】 …… 164
【研究探索课】 …… 164

专题一　格物知世界

【专题导读】

格，许慎《说文解字》谓“木长貌”，即长枝条，后形容线条组成的空框，引申为分类推究、探究、穷究。物，万事万物。格物，就是把万事万物进行分类、观察、辨析，继而认识世界、穷究事物、总结规律。《礼记·大学》说：“致知在格物，物格而后知至。”格物，是儒家认识论、方法论的基石。

本专题所选的六篇课文，从多个侧面揭示了格物的丰富内涵：天地大道、道术合一、学以为己、道法自然、即物穷理、科学精神……

前四篇为必读课文。《周易》是传承千年的传统文化智慧，是中国文化之根底。内容上，六十四卦揭示了64种自然规律和人生选择的智慧；形式上，每一卦都像一首诗，极具文学、美学价值。《周易·（乾【卦一】)》揭示的正是天道酬勤，顺应自然，物我合一，是道家的追求。庖丁以此为解牛之方，使他由“技”进于“道”，达到炉火纯青、技艺超群的地步。《庖丁解牛》通过描绘庖丁解牛技艺的精湛，借此揭示做人做事都要顺应自然规律的道理。《孔子学鼓琴师襄子》出自《史记·孔子世家》，讲述的是作为万世师表的孔子善学鼓琴，参透乐理，领会真谛，最终达到道术合一境界的故事。《续说园》从造园的角度谈对道法自然的理解。宏观上，造园有法无式；中观上，园林要素处理；微观上，园林中庸之道。

自读课文部分，《偶题三首》充分展现了理学集大成者朱熹即物穷理，从闲适生活中领悟做人治学道理的功夫。《应有格物致知精神》谈论的是古今中西对格物的理解，倡导中国学生从实验精神的角度去认识和探索自然科学，富有国际视野和思辨精神。

【学习目标】

1. 思政目标

（1）具有提炼凸显中华优秀传统文化的经典作品要素，讲述中国故事，弘扬中国精神的能力。

（2）具有数字化、智能化背景下对中国传统认识论、方法论的传承创新能力。

（3）具有明辨性思维，结合自身专业，求真务实，创意创新，培育工匠精神。

2. 知识目标

（1）识记所选诗文的作者、出处、时代背景和字词句法。

（2）熟悉不同文体的写作特点。

3. 能力目标

（1）能够用圈点或导图的方式梳理诗文论述事理的逻辑。

（2）能够将诗文中所体现的认识世界、穷究事物、总结规律的理法运用于实际生活与学习。

讲读课

周易（乾【卦一】）

【课文导读】

《周易》，被誉为“大道之源，群经之首，设教之书”。《易传·系辞》说：“作《易》者，其有忧患乎?”《周易》的产生，源于忧患意识。忧患源于人的欲望与实现能力之间的矛盾冲突，源于人与他人、社会之间的矛盾冲突，源于人和自然规律之间的矛盾冲突。处理忧患的方式是认识世界、穷究事物、总结规律。

本文是《周易》六十四卦第一卦，为同卦相叠（乾上乾下）。六画都是阳爻，特性是刚健，用以象天，喻龙，比喻有才德的君子。乾【卦一】根据万物变通的道理，教导人与天道合拍，遵守天道的德行。

学习本文时，要注重诵读，感受乾【卦一】诗一般的语言美，并深入理解“天行健，君子以自强不息”中蕴含的遵从、顺应大道的内涵。

【原文】

乾为天　上经

［乾上乾下］

乾[1]。元亨利贞[2]。

初九[3]：潜龙勿用[4]。

九二：见龙在田[5]，利见大人[6]。

九三：君子终日乾乾[7]，夕惕若厉，无咎[8]。

九四：或跃在渊[9]，无咎。

九五：飞龙[10]在天，利见大人。

上九：亢龙有悔[11]。

用九[12]：见群龙无首[13]，吉。

【课文注释】

①乾：《周易》的六十四卦卦象全部由两副卦象上下组合而成，且以上为用，以下为体。乾作为六十四卦第一卦，由其原意“草木萌生曲折生长的样子”引申，借指天。

②元亨利贞：可概括为“元亨”“利贞”，是两个表示吉祥的“贞兆辞”。元，大。亨，通。利，适宜。贞，正而固。

③初九：与“九二”“九三”“九四”“九五”“上九”等一起表示本卦的第一爻至第六爻，指的是爻的阴阳性和排列顺序。在《周易》中，每个卦画都由六爻组成，从下向上依次排列，这里的“初”“二”“三”“四”“五”“上”表示的是从下往上的顺序。“九”代表阳性“—”，“六”代表阴性“－－”。

④潜龙：指秋分时的龙星。勿用：不利。

⑤见：同“现”，出现。田：大地。

⑥大人：指王公贵族。

⑦君子：这里指的是有才德的贵族。乾乾：形容勤勉努力的样子。

⑧夕：夜晚。惕：敬惧的样子。厉：形容危险的情况。咎：过失或灾难。

⑨或：有人，这里也是对贵族的一种指代。渊：深潭，深水潭。

⑩飞龙：指天上的星星。

⑪亢龙：指天空最高处的龙星。有悔：指不吉利的占筮、卜象。

⑫用九：乾卦中，当君子居于初位时，表现出的是“潜龙勿用”的卦象，则其余各个相位者是可以“用”的。所以称“用九”。用九卦象与用六卦象相对，分别表示全阳、全阴，各自对应的是乾卦和坤卦。

⑬见：同“现”，表现，出现。群：各个，每个。群龙无首：指乾卦六条爻都为阳，所以是有“首”的，而由乾卦进入坤卦，则是由全阳进入全阴，所以也就由有“首”变成了无“首”。

【原文】

《彖》[①]曰：大哉乾元[②]！

万物资始[③]，乃统天[④]。

云行雨施，品物[⑤]流形[⑥]。

大明[⑦]终始，六位[⑧]时成，时乘六龙[⑨]以御天。

乾道变化，各正性[⑩]命。

保合大和[⑪]，乃利贞[⑫]，首出庶物[⑬]，万国咸[⑭]宁。

【课文注释】

①《彖（tuàn）》：即《彖辞》，是对卦辞进行解释的辞，相传作者为孔子。彖，本来是一种动物，传说中能咬断铁器。

②乾元：这里指生命的本源。

③资始：可以依赖的初始状态。资，凭借、依赖。始，初始、开始。

④统天：犹言“统属于天”，受天的统率。统，统率。

⑤品物：指世间繁华的万物。

⑥流形：像流水一样可以变动成形。

⑦大明：太阳是天上最光明的事物，所以被古人称为“大明”。

⑧六位：指上、下、东、西、南、北六个方位，也用来指乾卦的六爻。

⑨六龙：这里紧承前句，也是喻指乾卦的六爻，意在说明六爻的变动就像是六龙按时御天一样。

⑩性：这里指属性、活性。

⑪大和：也就是“太和”，指的是冲和的气，其最佳状态在于和谐与协调。

⑫贞：规律。

⑬庶物：万物。

⑭咸：皆，都。

【原文】

《象》[①]曰：天行健。君子以自强不息[②]。

“潜龙勿用”，阳在下[③]也。

“见龙在田”，德施普[④]也。

“终日乾乾”，反复道[⑤]也。

“或跃在渊”，进无咎也。

“飞龙在天”，大人造[⑥]也。

“亢龙有悔”，盈不可久[⑦]也。

“用九”，天德不可为首也。

【课文注释】

①《象》：也就是《象辞》《象传》，也是解释卦爻的一种辞。古时将卦辞的解释叫“大象”，将爻辞的解释叫“小象”，蕴含的是“形象”“象征”的意思。大象通过对上下相叠的两个卦象进行分析，得出它们之间的关系，进而确定所应采取的行动。

②自强不息：即自我激励，自我找寻永远向上的力量。

③阳在下：指乾卦的最下一爻——初九爻，此时代表事物还处在很弱小的阶段，无法经受风霜的考验。

④德施普：形容事物生长就像庄稼刚从土里冒出芽来，享受着阳光雨露无所不在的恩泽，又像是不会走路的孩子，被包裹在父母无尽的亲情之中。德，这里指生养之德。施普，即“普施”，广泛地给予。

⑤反复道：指天道不停地产生作用。

⑥造：帮助。

⑦盈不可久：过于满了就不会太长久。盈，满。

【解析要点】

《周易》以卦为单位。卦的最小单位是爻，上中下三爻组成一个经卦，六爻（或两个经卦）组成一卦。

八个经卦：乾，坤，震，巽，坎，离，艮，兑。

对应八物：天，地，雷，风，水，火，山，泽。

八个经卦互相重叠构成六十四卦。根据八个经卦所代表事物的物理属性，卦象形成了相制相克、相和相应的一系列矛盾，用以象征性地概括自然、社会的种种现象。

乾【卦一】告诉我们，天道包含元始、亨通、利和、贞正，就像种子发芽、生根、破土、成长。

初九到用九，象征人生有六个阶段：潜伏时期—初露头角—勤学苦练—掌握时机—理想实现—功成身退。

天道周而复始地运行着，永远没有停息的时候，人生也在这六个阶段中不断循环。所以君子要以天为法，战胜自我，永远向上。

乾【卦一】还告诉我们，人要知己，懂得进退。进以“飞龙在天”，退以“潜龙勿用”。做事要有度，否则“亢龙有悔”。

从“天道”到“人道”，从“知物”到“知人”，乾【卦一】穷理尽性，以济天下。

【思考题】

1. 乾【卦一】初九到用九，显示事物是如何发展转化的？这种规律对我们做人做事有何启示？

2. 请自主阅读《周易》坤卦内容，找出清华大学校训“自强不息，厚德载物”的出处。并思考校训对年轻学子成才寄予了怎样的期盼。

3. 说起《周易》，人们首先想到的往往是算命、取名、风水、八卦。学习本文后，你对《周易》有了什么新的认识和理解？

庖丁解牛

〔先秦〕庄子

【课文导读】

庄子生活的战国中期，是一个非常激烈的社会转型时期。社会动乱，民不聊生。身处乱世的人们不能任其本性无拘无束生活，难以尽享天年，对人生、对前途充满了迷茫。所求无非是在复杂斗争的骨节缝中寻找一个空隙，以便在乱世中游刃有余地活下去。

庄子的这篇寓言体现的就是这种心境。作者原意是用它来说明养生之道，借此揭示做人做事都要顺应自然规律的道理。

文章先写庖丁解牛的熟练动作和美妙音响，紧接着写文惠君的夸赞，从侧面烘托庖丁技艺的精湛。之后，庖丁解答文惠君“技盖至此乎”的疑问，讲述了自己达于“道”境的三个阶段。最后，文惠君领悟了养生的道理。文章采用夸张、对比、映衬、描摹等多种手法，结构严密，语言生动简练，体现了庄子文章善用形象化说理、汪洋恣肆的特点。

【原文】

庖丁①为文惠君②解牛③，手之所触，肩之所倚，足之所履，膝之所踦④，砉然⑤向然，奏刀騞然⑥，莫不中音。合于《桑林》⑦之舞，乃中《经首》⑧之会。

文惠君曰：“嘻⑨，善哉！技盖⑩至此乎？”

庖丁释刀对曰：“臣之所好者道也，进⑪乎技矣。始臣之解牛之时，所见无非牛者。三年之后，未尝见全牛也。方今之时，臣以神遇而不以目视，官知⑫止而神欲行。依乎天理⑬，批大郤⑭，导大窾⑮，因其固然⑯，技经肯綮之未尝⑰，而况大軱⑱乎！良庖岁更刀，割⑲也；族⑳庖月更刀，折㉑也。今臣之刀十九年矣，所解数千牛矣，而刀刃若新发㉒于硎。彼节者有间㉓，而刀刃者无厚；以无厚入有间，恢恢乎㉔其于游刃必有余地矣，是以十九年而刀刃若新发于硎。虽然，每至于族㉕，吾见其难为，怵然㉖为戒，视为止，行为迟。动刀甚微，謋㉗然已解，如土委地㉘。提刀而立，为之四顾，为之踌躇满志，善㉙刀而藏之。”

文惠君曰：“善哉！吾闻庖丁之言，得养生㉚焉。”

【课文注释】

①庖（páo）丁：名丁的厨工。先秦古书往往把职业放在人名前。

②文惠君：即梁惠王，也称魏惠王。

③解牛：宰牛，这里指把整个牛体剖开。

④踦（yǐ）：支撑，接触。这里指用一条腿的膝盖顶着牛。

⑤砉（xū）然：象声词。砉然，皮骨相离的声音。向，通“响”。

⑥騞（xū）然：象声词，形容比砉然更大的进刀解牛声。

⑦《桑林》：传说中商汤时的乐曲名。

⑧《经首》：传说中尧乐曲《咸池》中的一章。会：指节奏。以上两句互文，即“乃合于桑林、经首之舞之会”之意。

⑨嘻：赞叹声。

⑩盖：通“盍（hé）”，何，怎样。

⑪进：超过。

⑫官知：这里指视觉。神欲：指精神活动。

⑬天理：指牛生理上的天然结构。

⑭批大郤：击入大的缝隙。批：击。郤：空隙。

⑮导大窾（kuǎn）：顺着（骨节间的）空处进刀。

⑯因：依。固然：指牛体本来的结构。

⑰技经：犹言经络。技，据清俞樾考证，当是“枝”字之误，指支脉。经，经脉。肯：紧附在骨上的肉。綮（qìng）：筋肉聚结处。技经肯綮之未尝，即“未尝技经肯綮”的宾语前置。

⑱軱（gū）：股部的大骨。

⑲割：这里指生割硬砍。

⑳族：众，指一般的。

㉑折：用刀折骨。

㉒发：出。硎（xíng）：磨刀石。

㉓节：骨节。间：间隙。

㉔恢恢乎：宽绰的样子。

㉕族：指筋骨交错聚结处。

㉖怵（chù）然：警惧的样子。

㉗謋（huò）：象声词。骨肉离开的声音。

㉘委地：散落在地上。

㉙善：揩拭。

㉚养生：指养生之道。

【解析要点】

本文分两大部分，先讲述故事，再点明寓意。

就故事说，又分两层，即由写“技”到说“道”。先描述庖丁解牛的高超技艺，再由庖丁阐述他的解牛之道。

写庖丁的技，先直接描写，后用文惠君的赞叹来侧面烘托，最后写到庖丁谈道。

对道的阐述，紧紧扣住“依乎天理”“因其固然”。纵向介绍掌握道的三个阶段，突出掌握道以后的特点；横向比较庖丁与良庖、族庖，说明得道与否的异同；最后，说明成功地解决了难以处理的“族”的问题。

庖丁答文惠君的第一句话，将写技与谈道两方面自然地联系起来。文惠君最后所说由庖丁之言获得养生之道的话，又起到统摄全文、揭示主题的作用。

全文围绕解牛的事件，阐述一个“道”字，由具体到抽象，条分缕析，环环相扣，将道理说得晓畅通透。

【思考题】

1. 本文语言生动简练。请结合庖丁解牛时手、肩、足、膝的动作进行分析说明。

2. 牛的生理构造无疑是很复杂的。庖丁解牛，为什么能一刀下去，刀刀到位，轻松简单，原因是什么？

3. 顺应自然，物我合一，本是道家的追求。庖丁以此为解牛之方，才使他由“技”进于“道”，达到炉火纯青、技艺超群的地步。方法对头，不仅牛解得快，刀子也不受损害。十九年来，庖丁解牛数千头，竟未换过一把刀，刀刃还是锋利如初。这当然是每月换一把刀的一般厨工所不可思议的。区别就在于他们求于“技”，而庖丁志于“道”。请结合自己的专业，谈谈“技”与“道”的关系。

孔子学鼓琴师襄子

〔西汉〕司马迁

【课文导读】

本文节选自《史记》卷四十七，《孔子世家》第十七。

孔子思想的核心是“仁”，“礼”和“乐”都是“仁”的外化。作为中国社会的两大柱石，礼和乐，互为表里，相互依存，共同作用，互为补充。

本文运用形象生动的对话方式展示了孔子学鼓琴的全过程。学习本文时，首先，可借助注释，弄懂课文内容；其次，通过对课文内容的分析，找出孔子和师襄子对学习进度的不同观点；最后，综合分析课文，梳理孔子“曲—数—志—为人”的认知路径，加深对“情动于中而形于声”“乐为心声”的认识。

学习课文后，想一想：我们怎样才能在演奏或欣赏音乐时，享受音乐魅力，接受艺术熏陶，提升自我修养？

【原文】

孔子学鼓琴师襄子①，十日不进②。师襄子曰：“可以益③矣。”孔子曰：“丘已习其曲矣，未得其数④也。”有间⑤，曰：“已习其数，可以益矣。”孔子曰：“丘未得其志⑥也。”有间，曰：“已习其志，可以益矣。”孔子曰：“丘未得其为人⑦也。”有间，（曰）有所穆然⑧深思焉，有所怡然⑨高望而远志焉。曰：“丘得其为人，黯⑩然而黑，几然⑪而长，眼如望羊⑫，如王四国⑬，非文王其谁能为此也！”师襄子辟席⑭再拜，曰：“师盖云《文王操》⑮也。”

【课文注释】

①鼓琴：弹琴。师襄子：春秋时期鲁国乐师，其名为襄。

②不进：不再学习新的曲子。

③益：加，增加，此意同“进”。

④数：规律。这里指演奏的技巧。

⑤有间：过了一段时间。

⑥志：志趣，意旨。

⑦为人：作曲的人是一个什么样的人。

⑧穆然：默然，沉静深思的样子。

⑨怡然：和悦的样子。怡，高远的样子。

⑩黯：深黑。

⑪几：同“颀”，颀长。几然：身材高大的样子。

⑫羊：同“洋”，远方。望羊：亦作“望洋”，远视的样子。

⑬四国：四方，天下。

⑭辟：同“避”。辟席：即避席。古人席地而坐，离座而起，表示敬意。

⑮《文王操》：周文王作的琴曲名。

【解析要点】

《史记》被列为“二十四史”之首，是西汉史学家司马迁撰写的中国历史上第一部纪传体通史。记载了上至黄帝时代，下至汉武帝年间共3000多年的历史。全书包括十二本纪、三十世家、七十列传、十表、八书。

世家记王侯、功臣名相。身为平民的孔子，所做的事堪比王侯，所以也放在世家里。

孔子习乐，不满足于掌握演奏技巧，而是通过“术”层面的反复演练，透过现象看本质，最终达到“道术合一”的境界。孔子学习音乐的过程大致可分为如下阶段：熟悉作品，掌握结构——反复琢磨，提高技艺——领悟内涵，把握韵致——心随乐动，得心应手。

孔子学鼓琴这一故事，不仅反映出身为万世之表的孔子好学、善学的品质，也给我们树立了一个即术求道、获取真知的榜样。

【思考题】

1. 孔子学鼓琴，师襄子说了几次“可以益矣”？孔子是如何作答的？

2. 课文写到，师襄子在听到孔子说出“得其为人”的话后，是怎么反应的？这起到了什么表达效果？

3. 课后观看纪录片《我在故宫修文物》，体会工匠用自身来观物，又以物来观自身的“格物”精神。

续说园（节选）

陈从周

【课文导读】

建筑是凝固的艺术，园林是营造的山水。在中国传统建筑中，园林独树一帜。人们观察自然，学习自然，效仿自然，超越自然，修建了可居可游的园林，达到了实用性和审美性的有机统一。

本文节选自陈从周先生《续说园》，是一篇充分显现作者对中国园林研究、实践功力的文章。作者以广博的知识、丰富的阅历以及对大自然的浓厚兴趣，以园林为引子，阐发中国传统文化之美。

阅读与欣赏这篇文章，可以在厘清课文结构的基础上，采用做批注的阅读方法，对中国园林的特点进行分析，领悟作者造园和护园的初心；然后，仔细品味课文的语言特色，感受作者文史融通、兼工诗画的深厚底蕴。

【原文】

造园一名构园，重在构字，含意至深。深在思致，妙在情趣，非仅土木绿化之事。杜甫《陪郑广文游何将军山林十首》《重过何氏五首》，一路写来，园中有景，景中有人，人与景合，景因人异。吟得与构园息息相通，“名园依绿水，野竹上青霄”“绿垂风折笋，红绽雨肥梅”，园中景也。“兴移无洒扫，随意坐莓苔”“石阑斜点笔，桐叶坐题诗”，景中人也。有此境界，方可悟构园神理。

我国古代造园，大都以建筑物为开路。私家园林，必先造花厅，然后布置树石，往往边筑边拆，边拆边改，翻工多次，而后妥帖。沈元禄记猗园谓：“奠一园之体势者，莫如堂；据一园之形胜者，莫如山。”盖园以建筑为主，树石为辅，树石为建筑之连缀物也。今则不然，往往先凿池铺路，主体建筑反落其后，一园未成，辄动万金，而游人尚无栖身之处，主次倒置，遂成空园。至于绿化，有些园林、风景区、名胜古迹，砍老木，栽新树，俨若苗圃，美其名为“以园养园”，亦悖常理。

白皮松独步中国园林，因其体形松秀，株干古拙，虽少年已是成人之概。杨柳亦宜装点园林，古人诗词中屡见不鲜，且有以万柳名园者。但江南园林则罕见之，因柳宜濒水，植之宜三五成行，叶重枝密，如帷如幄，少透漏之致，一般小园，不能相称。而北国园林，面积较大，高柳侵云，长条拂水，柔情万千，别饶风姿，为园林生色不少。故具体事物必具体分析，不能强求一律。有谓南方园林不植杨柳，因蒲柳早衰，为不吉之兆。果若是，则拙政园何来“柳荫路曲”一景呢？

风景区树木，皆有其地方特色。即以松而论，有天目山松、黄山松、泰山松等，因地制宜，以标识各座名山的天然秀色。如今有不少“摩登”园林家，以“洋为中用”来美化祖国河山，用心极苦。即以雪松而论，几如药中之有青霉素，可治百病，全国园林几将遍植。“白门（南京）杨柳可藏鸦”“绿杨城郭是扬州”，今皆柳老不飞絮，户户有雪松了。泰山原以泰山松独步天下，今在岱庙中也种上雪松，古建筑居然西装革履，无以名之，名之曰“不伦不类”。

园林中亭台楼阁，山石水池，其布局亦各有地方风格，差异特甚。旧时岭南园林，每周以楼，高树深池，荫翳生凉，水殿风来，溽暑顿消，而竹影兰香，时盈客袖，此唯岭南园林得之，故能与他处园林分庭抗衡。

小园树宜多落叶，以疏植之，取其空透；大园树宜适当补常绿，则旷处有物。此为以疏救塞，以密补旷之法。落叶树能见四季，常绿树能守岁寒，北国早寒，故多植松柏。

景之显在于“勾勒”。最近应常州之约，共商红梅阁园之布局。我认为园既红梅阁，当以红梅出之，奈数顷之地遍植红梅，名为梅圃可矣，称园林则不当，且非朝夕所能之者。我建议园贯以廊，廊外参差植梅，疏影横斜，人行其间，暗香随衣，不以红梅名园，而游者自得梅矣。其景物之妙，在于以廊“勾勒”，处处成图，所谓少可以胜多，小可以见大。

园林密易疏难，绮丽易雅淡难，疏而不失旷，雅淡不流寒酸。拙政园中部两者兼而得之，宜乎自明迄今，誉满江南，但今日修园林未明此理。

古人构园成必题名，皆有托意，非泛泛为之者。清初杨兆鲁营常州近园，其记云：“自抱疴归来，于注经堂后买废地六七亩，经营相度，历五年于兹，近似乎园，故题曰近园。”知园名之所自，谦抑称之。忆前年于马鞍山市雨湖公园，见一亭甚劣，尚无名。属我命之，我题为“暂亭”，意在不言中，而人自得之。其与“大观园”“万柳堂”之类者，适反笔出之。

漏窗在园林中起“泄景”“引景”作用，大园景可泄，小园景，则宜引不宜泄。拙政园“海棠春坞”，庭院也，其漏窗能引大园之景。反之，苏州怡园不大，园门旁开两大漏窗，顿成败笔，形既不称，景中外暴，无含蓄之美矣。拙政园新建大门，庙堂气太甚，颇近祠宇，其于园林不得体者有若此。同为违反园林设计之原则，如于风景区及名胜古迹之旁，新建建筑往往喧宾夺主，其例甚多。谦虚为美德，尚望甘当配角，博得大家的好评。

“池馆已随人意改，遗篇犹逐水东流，漫盈清泪上高楼。”这是我前几年重到扬州，看到园林被破坏的情景，并怀念已故的梁思成、刘敦桢二前辈而写的几句词句，当时是有感触的。今续为说园，亦有所感而发，但心境各异。

【解析要点】

陈从周先生是中国古建筑学家，又是中国园林学家，被尊称为“现代中国园林之父”。他的著作全面而系统地继承了中国传统的造园理论，又创立了“静观和动观”“为情造景”等新的造园理论。

本文就植物栽种之理、题名题辞之理和建筑开窗之理三个方面介绍了“构园神理”。

中国的园林，体现了天人合一的自然崇拜，景观类型体现了仿自然山水的格局，视觉效果上小中见大、巧于因借，空间序列上循序渐进、委婉含蓄。中国园林是人类研究自然、效法自然、总结规律后营造的舒适宜居环境，更是天人合一、诗情画意、高于自然的艺术品。

【思考题】

1. 文章在论述植物栽种时，谈到“但江南园林则罕见之，因柳宜濒水，植之宜三五成行，叶重枝密，如帷如幄，少透露之致，一般小园，不能相称”，此句语言特点可谓“准确而不失典雅”，请做分析。

2. 根据《续说园》介绍的“植物栽种之理”，就园林植物的栽培，给岭南园林提一些合理的建议。

3. 岭南园林崛起，虽晚于北方园林和江南园林，但也独具特色。课外选游岭南园林，对照课文介绍的构园神理，感受道法自然、可居可游、因地制宜的岭南园林之美。

自读课

偶题三首

〔宋〕朱熹

【课文导读】

中国古代的诗歌表达含蓄，情感常隐含在叙述描写中。这就要求我们在赏析时要借助相关知识，多角度剖析，以把握其主旨。

《偶题三首》大约作于宋乾道、淳熙年间。朱熹的诗歌，往往从闲适的生活中悟出做人治学的道理。《偶题三首》正是此类诗篇。

苏东坡云："君子可以寓意于物，而不可留意于物。"诗人借物喻理，将记叙和议论相结合，与一般写景咏物诗不同，独具特色。

阅读时请思考：诗歌是怎样把做人治学的道理寓于写景的过程中的？第一首诗说"不道云从底处来"，第二首诗说"一川寒碧自萦回"，第三首诗说"始悟真源行不到"，引发了作者深入的思考。结合朱熹的生平，想一想，依他看来，寻求真理应具备什么条件？你认为起决定作用的因素是什么呢？

【原文】

门外青山翠紫堆，幅巾①终日面崔嵬②。
只看云断成飞雨，不道③云从底处④来。

擘开⑤苍峡吼奔雷，万斛⑥飞泉涌出来。
断梗枯槎⑦无泊处，一川寒碧自萦回⑧。

步随流水觅溪源，行到源头却惘然。
始悟真源行不到，倚筇⑨随处弄潺湲⑩。

【课文注释】

①幅巾：古代文人用一幅绢束发，称幅巾，为一种表示儒雅的装束。

②崔嵬（wéi）：山高大不平，这里指山。

③不道：犹不知。

④底处：何处。

⑤擘（bò）：分剖，分裂。擘开：冲开。

⑥斛（hú）：古时量器名，十斗为一斛。

⑦槎（chá）：同“茬”，指农作物收割后留下来的根茎。断梗枯槎：残枝枯叶。

⑧萦（yíng）：缠绕。萦回：徘徊荡漾。

⑨筇（qióng）：竹名，宜制杖，这里是指竹杖。

⑩潺湲（chányuán）：象声词，泉水流动的声音。

【解析要点】

朱熹是宋代理学的集大成者，《偶题三首》是他“即物穷理”的典型作品。

第一首诗，先着力渲染一幅青山翠紫、云断成雨的画面，接着诗人的目光超越了画面现象，追溯其本质，要知“云从底处来”。诗人见物悟理，而非为理而写物。在形象中说理，旨在言外，韵味深长。

第二首诗，通过描写水在山中的奔涌，最终形成一川江水的过程，启示人们只有通过持之以恒的奋斗才能最终获得成功。

第三首诗，通过“探寻水源，寻求真源”的事例，表明寻求真理之道，如探真源，需融会贯通。倘若执其一端，认定真理就在这里，必是不能见到真相的。

人们置身于纷杂复杂的世界，往往只看到日月星辰、高山流水，而看不清掩藏在这现象背后的本质。诗人参详自然，即物穷理，却悟到了万物内在的道理。

所以，无论是关于治学之道，还是提高修养，抑或人生之路，当今之人若能批判地吸收朱熹思想的内核，定能受益无穷。

【思考题】

1. 翻译下列句子。

（1）只看云断成飞雨，不道云从底处来。

（2）断梗枯槎无泊处，一川寒碧自萦回。

（3）始悟真源行不到，倚筇随处弄潺湲。

2. 弄清文中“云”和“水”，“山”和“泉”，“水流”和“溪源”的现象含义和本质含义，再举一反三，结合学习、做事，谈谈自己在阅读课文后的体会。

3. 选择身边的一种自然事物，学习朱熹即物穷理的方法，谈谈你的认识和感悟。

应有格物致知精神

丁肇中

【课文导读】

1991年10月18日，《瞭望》周刊为著名物理学家丁肇中先生在北京人民大会堂举行“情系中华”征文颁奖大会，本文便是丁先生的演讲稿。

作者在文章开头就提出论题：中国学生应该怎样学习自然科学？文章首先说明“应有格物致知精神”的思想来源。接着，对其来源进行分析论证，通过摆事实、讲道理，正反面论证相结合的论证方法，具体阐述了传统中国和西方在认识世界方法上的区别，并说明注重实验和实践的重要性。最后进行总结：对事物客观的探索，培养实验精神，至关重要。

学习本文，同学们要联系学习实际，掌握科学实验方法，做具有开拓创新精神的人。

【原文】

多年来，我在学校里接触到不少中国学生，因此，我想借这个机会向大家谈谈学习自然科学的中国学生应该怎样了解自然科学。

在中国传统教育里，最重要的书是“四书”。“四书”之一的《大学》里这样说：一个人教育的出发点是“格物”和“致知”。就是说，从探察物体而得到知识。用这两个词语描写现代学术发展是再恰当也没有的了。现代学术的基础就是实地的探察，就是我们现在所谓的实验。

但是传统的中国教育并不重视真正的格物和致知。这可能是因为传统教育的目的并不是寻求新知识，而是适应一个固定的社会制度。《大学》本身就说，格物致知的目的，是使人能达到诚意、正心、修身、齐家、治国的田地，从而追求儒家的最高理想——平天下。因为这样，格物致知的真正意义便被埋没了。

大家都知道明朝的大理论家王阳明，他的思想可以代表传统儒家对实验的态度。有一天王阳明要依照《大学》的指示，先从“格物”做起。他决定要“格”院子里的竹子。于是他搬了一条凳子坐在院子里，面对着竹子硬想了七天，结果因为头痛而宣告失败。这位先生明明是把探察外界误认为探讨自己。

王阳明的观点，在当时的社会环境里是可以理解的。因为儒家传统的看法认为天下有不变的真理，而真理是“圣人”从内心领悟的。圣人知道真理以后，就传给一般人。所以经书上的道理是可“推之于四海，传之于万世”的。经验告诉我们，这种观点是不能适用于现在的世界的。

我是研究科学的人，所以先让我谈谈实验精神在科学上的重要性。

科学发展的历史告诉我们，新的知识只能通过实地实验而得到，不是由自我检讨或哲理的清谈就可求到的。

实验的过程不是消极地观察，而是积极地、有计划地探测。比如，我们要知道竹子的性质，就要特地栽种竹树，以研究它生长的过程，要把叶子切下来拿到显微镜下去观察，绝不是袖手旁观就可以得到知识的。

实验不是毫无选择地测量，它需要有小心具体的计划。特别重要的，是要有一个适当的目标，以作为整个探索过程的向导。至于这目标怎样选定，就要靠实验者的判断力和灵感。一个成功的实验需要的是眼光、勇气和毅力。

由此我们可以了解，为什么基本知识上的突破是不常有的事情。我们也可以了解，为什么历史上学术的进展只靠很少数的人关键性的发现。

在今天，王阳明的思想还在继续地支配着一些中国读书人的头脑。因为这个文化背景，中国学生大部分偏向于理论而轻视实验，偏向于抽象的思维而不愿动手。中国学生往往念功课成绩很好，考试都得近100分，但是面临着需要主意的研究工作时，就常常不知所措了。

在这方面，我有个人的经验为证。我是受传统教育长大的。到美国大学念物理的时候，起先以为只要很“用功”，什么都遵照老师的指导，就可以一帆风顺了，但是事实并不是这样。一开始做研究便马上发现不能光靠教师，需要自己做主张、出主意。当时因为事先没有准备，不知吃了多少苦。最使我彷徨恐慌的，是当时的唯一办法——以埋头读书应付一切，对于实际的需要毫无帮助。

我觉得真正的格物致知精神，不但是在研究学术中不可缺少，而且在应付今天的世界环境中也是不可少的。在今天一般的教育里，我们需要培养实验的精神。就是说，不管研究科学，研究人文学，或者在个人行动上，我们都要保留一个怀疑求真的态度，要靠实践来发现事物的真相。现在世界和社会的环境变化得很快。世界上不同文化的交流也越来越密切。我们不能盲目地接受过去认为的真理，也不能等待

“学术权威”的指示。我们要自己有判断力。在环境激变的今天，我们应该重新体会到几千年前经书里说的格物致知真正的意义。这意义有两个方面：第一，寻求真理的唯一途径是对事物客观的探索；第二，探索的过程不是消极的袖手旁观，而是有想象力的有计划的探索。希望我们这一代对于格物和致知有新的认识和思考，使得实验精神真正地变成中国文化的一部分。

【解析要点】

我国的传统教育，注重基础知识和基本技能，忽视培养创新精神和实践能力。当然，这个特点不是一天形成的，它有久远的文化背景，并与考试体制有关。

本文根据现代学术的发展和个人的经验教训，联系传统的文化背景和我国现状，精辟地阐明了中国学生应怎样学习自然科学的问题。这是一个重要问题，影响到我们对现代社会的适应性，以及国家和民族的未来。

其见解可谓高屋建瓴，一针见血；劝说可谓语重心长，真诚恳切。它对我们来说是一剂良药，相信每个人读后都会有所受益。

【思考题】

1. 结合课文，谈谈中国传统教育和西方教育有什么差异。

2. 为了证明实验精神在科学发展史上的作用，课文举了哪些事例？

3. 英国学者李约瑟曾提出，“尽管中国古代对人类科技发展做出了很多重要贡献，但为什么科学和工业革命没有在近代的中国发生？”中国著名科学泰斗钱学森也提出，“为什么我们的学校总是培养不出杰出的人才？”

上述两个问题就是著名的“李约瑟难题”和“钱学森之问”，表达的同是对中国科学技术的关怀。对此，你怎么看？

综合实践课

我们认识世界的基本方法，是将事物分门别类，探究推演，总结规律。总结规律的目的是进一步探究事物发展的规律。

每座城市都有自己独特的历史文化。作为广东省省会的广州，这个2800多年的古城，有不少古村落散落在摩天大楼之间。

这些古村落是和谐的人聚空间。它们之所以能延续千年，在村落肌理、布局构造、社会治理和空间演替等方面都有讲究，也能给今天的城市发展带来启示。然而，新型城镇化的高速发展让古村落传统空间遭到巨大冲击，传统空间的价值和意义正被侵蚀。

通过田野调查，探索古村落的历史风貌、文化意象、价值与未来，制作完成调查视频及调查报告，并做成 PPT 进行展示。

1. 活动名称：广州古村落文化意象与空间价值调研。

2. 目的任务：

（1）通过对古村落的实际探访，直观感受古村环境，搜寻岭南记忆，激发人文情怀。

（2）运用理论与实践相结合的方法，认识古村落形成的历史、古村落格局的形成、古村落治理的方式以及生产—生活—生态空间演替的逻辑。

（3）理解和把握古村落的文化意象和传统空间价值，拍摄调查视频，完成调查报告。

3. 活动程序：活动准备（学习田野调查的具体操作方法）—制订活动方案—选定对象—查找资料—编写调查提纲—田野调查（①分配区间任务；②运用问卷、访谈等方法调查，做好调查记录；③拍摄照片）—完成调查报告（每一位同学根据自己的活动记录写一份调查报告，并做成电子文集，在班级共享）—学生自评、组内互评（活动前制定评价标准）—推荐各组代表—PPT 汇报—教师评价。

4. 活动成果：调查照片、视频及调查报告。

5. 评价方案：各小组须自行设计自评表和互评表，根据前期准备工作情况、调查过程中完成情况、调查后资料整理情况等进行综合评价。

6. 活动建议：

（1）小组完成，注重成员间的分工协作。

（2）落实田野调查。包括选择调查点（有特色，有代表性），查阅资料，熟悉情况，撰写详细的调查提纲和设计调查表格，熟悉有关社会和文化的理论与基础知识。

（3）调查报告字数不少于 2000 字，调查视频不少于 10 分钟。

研究探索课

1. 选题指导

本专题主要探讨了认识事物、探求推究、总结规律的方法。岭南地区气候湿热，或雨水频繁，或阳光暴晒，伞成为人们日常生活中最重要的随身物品之一。中国是世界上最早发明伞的国家，伞是汉族劳动人民的一个重要创造。

通过多种形式［谈话、诗歌、传说（《白蛇传》等）、绘本故事、实物观察等］，了解不同类型的伞，丰富对伞的认识（外形、结构、种类、功能等），并记录其分类标准及方式。找到自己的兴趣点，从解决生活中的实际问题出发，紧扣伞的功能，聚焦这个点进行深入探究。

2. **研究方法与材料收集**

以马克思主义唯物辩证法为基础，结合观察法、文献研究法、访谈法、调查法、归纳法等方法进行研究。

提示：

①铺垫前期经验（伞的用途：遮阳，挡雨）；

②观察伞；

③探索伞（伞本身的材料；伞的结构包括伞骨、伞面、伞柄；伞的作用包括遮阳、遮雨、装饰、道具；伞的收合原理）；

④伞的分类（太阳伞、雨伞、沙滩伞）；

⑤伞的特点（防水性、形状、收缩自如）；

⑥伞的设计；

⑦伞的制作。

3. **成果展示**

以小论文形式展示，论文字数不少于 1500 字。

要求：论点清晰，论据充分，论证有力。

专题二　致知敏智能

【专题导读】

随着互联网技术的发展，海量信息与日倍增，知识的更新换代频率加快，信息爆炸导致对知识的渴求永无止境，恰如庄子所言“吾生也有涯，而知也无涯”，《礼记·大学》则提出“苟日新，日日新，又日新”。

迈入高等学府的莘莘学子，面临的首要任务就是致知。知识的海洋波光粼粼，浩瀚无垠，“天高任鸟飞，海阔凭鱼跃”。我们不能望洋兴叹，应该鼓满理想的风帆，驶进属于你的致知海域，找寻自己的目标，追寻自己的梦想，勇敢地踏上逐梦的航程，在海浪中奋勇搏击，奏响一曲属于你的青春之歌。

请走进本专题，一起领略古今中外的哲人对致知这个话题的精妙认识，以及他们所带来的智慧启迪：《论语》里孔夫子的教诲仿佛在我们耳畔响起，读书的态度、读书的理念、读书的方法，经典文本那历经千载而毫不褪色的魅力，苏轼的“八面受敌”读书法，王国维的“三境界”说，黄永玉的艺术卓见，以及张维屏的激愤与爱国热情，还有纪伯伦对灵魂的深邃叩问。

“奇文共欣赏，疑义相与析”，让我们翻开史册，铭记先哲的教诲。让我们在流金的青春岁月，摒弃“书到用时方恨少”的悔恨，以梦为马不负韶华，在伴梦前行的征途上踏着时代的节拍，沐浴着知识的阳光，格物致知，学以致用，成为时代所需要的人才。

【学习目标】

1. **思政目标**

（1）体味从古至今先哲及当代作者的智慧，以及当代大学生所肩负的中华优秀传统文化传承与创新的使命担当。

（2）学习致知的方法，逐步培养学以致用的应用能力。

2. **知识目标**

（1）掌握所选篇目基本的字词句法，为准确把握文本内容奠定基础。

（2）反复诵读，运用场景还原与身临其境的方法，探究文本意蕴。

3. **能力目标**

（1）学习文本涉及的求知方法，并学会运用到学习实践中。培养提出问题、分析问题、解决问题的能力。

（2）运用知人论世的理论，结合文本创作的相关知识及背景，培养文学鉴赏能力与审美洞察力。

讲读课

论语（四则）

【课文导读】

如何致知，在致知过程中可以有哪些学习态度、理念和学习方法，人们不但可以从实践中探索总结，也可以从先哲的思想中汲取。本课内容，就让我们走进孔子的教育世界，一起领略这位两千多年前的至圣先师对学生的教诲与引导。孔子除了对学生的求知进行指导，还非常推崇“诗”的语言和格调，“《诗》三百，一言以蔽之，曰：‘思无邪。’”他多次教导儿子和学生学习“诗”，“不学诗，无以言；不学礼，无以立”，并倡导用“诗”来教化民众，移风易俗。

【原文】

1. 子①曰：“学而时习②之，不亦说③乎？有朋自远方来，不亦乐④乎？人不知而不愠[5]，不亦君子[6]乎？”

——《学而篇第一》

2. 子曰：“由[7]，诲汝知[8]之乎！知之为知之，不知为不知，是知也。”

——《为政篇第二》

3. 子曰：“不愤[9]不启，不悱[10]不发[11]，举一隅不以三隅反，则不复也。”

——《述而篇第七》

4. 子曰：“小子[12]何莫学夫诗！诗，可以兴[13]，可以观[14]，可以群[15]，可以怨[16]：迩[17]之事父，远之事君。多识于鸟兽草木之名。”

——《阳货篇第十七》

【课文注释】

①子：中国古代对有学问、有地位的男子的尊称。《论语》中“子曰”的“子”都是指孔子。

②习：“习”字的本意是鸟儿练习飞翔，在这里是温习和练习的意思。

③说（yuè）：同“悦”，高兴、愉快的意思。

④乐（lè）：快乐。

⑤愠（yùn）：怒，怨恨，不满。

⑥君子：《论语》中的“君子”指道德修养高的人，即“有德者”；有时又指“有位者”，即职位高的人。这里指“有德者”。

⑦由：孔子的高足，姓仲，名由，字子路，鲁国卞人。

⑧知：作动词用，知道。

⑨愤：思考问题时有疑难想不通。

⑩悱（fěi）：想表达却说不出来。

⑪发：启发。

⑫小子：指学生们。

⑬兴：激发感情的意思。一说是诗的比兴。

⑭观：观察。这里指从中可以观察政治得失和风俗盛衰。

⑮群：合群。这里也指互相交流情感，加强团结的意思。

⑯怨：怨刺。指文学作品有干预现实，批评社会的作用。

⑰迩（ěr）：近。

【解析要点】

在孔子关于求知的态度、理念，以及对学生学习方法的指导中，最首要的是学习态度，比如“知之为知之，不知为不知”，这就是一种实事求是的学习态度；其次是秉持怎样的学习理念，比如“不愤不启，不悱不发”，让学生有积极思考动脑的空间，再适时进行启发，不要剥夺学生思考的乐趣，不能在学习一开始就把知识一股脑地倒给学生；在这两个方面基础上探究掌握并运用一定的学习方法，比如“学而时习之”“举一隅不以三隅反”等，就强调了复习和举一反三的重要性。上述几方面对我们今天的求知依然有着积极的影响和借鉴应用价值。

【思考题】

1. 除了文本选的内容，你还了解《论语》哪些关于学习态度方面的论述。

2. 结合今天的时代精神，就求知的理念方面，谈谈你的心得。

3. 请选择一部经典作品，阅读后梳理你的读书方法，择其精要，和同学一起交流分享。

又答王庠书（节选）[①]

〔宋〕苏轼

【课文导读】

苏轼自幼聪敏好学，热爱阅读，求知欲旺盛，终其一生在诗词书画等领域成就斐然，放在今日，亦属跨界高手。苏轼有哪些读书方法可供我们今天参考呢？八面受敌法即其一，该读书法的具体要点是：同一本书，反复读之，每一遍都只关注一个方面的问题，其他问题暂不关涉。比如，读一本书，要推究古今兴亡治乱之理以及圣贤作用，就只专注于此，其他方面暂不注意；要搜集事迹典故文物规章典籍，就只专注于此，其他方面也暂不注意。每本书都可以照这种读法来读。此读书法虽略显笨拙，却很扎实。功到自然成，等到最后全部读完，就会发现，就这本书的内容，无论从哪一方面去考察，均有所得。

【原文】

但卑意[②]欲少年为学者，每一书皆作数过尽之。书富如入海，百货皆有，人之精力，不能兼收尽取，但得其所欲求者尔。故愿学者每次作一意求之。如欲求古今兴亡治乱、圣贤作用，但作此意求之，勿生余念[③]。又别作一次，求事迹[④]故实[⑤]典章文物之类，亦如之。他皆仿此。此虽迂钝，而他日学成，八面受敌[⑥]，与涉猎[⑦]者不可同日而语也。甚非速化[⑧]之术。可笑可笑。

【课文注释】

①《又答王庠书》是宋代文学家苏轼创作的一篇散文，是苏轼晚年回答其侄女婿王庠问学的一封书信。信中指出求学无捷径可走，必须勤奋学习，并根据自己读书经验总结出“八面受敌”读书法。这封书信文笔简练，语气谦逊，循循善诱，表达了作者对年轻人的殷切期望，也表现了作者的长者风范。

②卑意：我的意思。卑，用以自称的谦辞。

③余念：多余的念头。

④事迹：过去的事情。

⑤故实：故事、史实，指足以效法的旧事。

⑥八面受敌：比喻遇到各种问题，应对各种情况。

⑦涉猎：指泛览群书而不作深入地钻研。

⑧速化：速成的方法。

【解析要点】

节选部分的精髓是苏轼的“八面受敌”读书法。很多时候，人们缺少的不是方法，而是将好的方法坚持在实践中去应用，并持之以恒。否则，再好的方法，不经实践，只停留在知道的层面，意义并不大。对此，陆游曾在他的一首教子诗《冬夜读书示子聿》中说道：“纸上得来终觉浅，绝知此事要躬行。”可以尝试在自己的读书实践中运用包括苏轼“八面受敌”读书法在内的多种读书方法，并在实践一段时间后进行总结，以寻求到最适合自己的方法。

【思考题】

1. 选择一本你喜欢的书，请尝试使用苏轼“八面受敌”读书法进行阅读，并总结自己的体会。

2. 结合文本内容，请谈一谈你对读书与实践二者关系的认识。

3. 你积累或搜集了哪些行之有效的读书方法，请在班里和同学进行分享。

人间词话（节选）

王国维

【课文导读】

中国古代文学批评史中不乏词话类作品，而近代词话著作中最负盛名的非《人间词话》莫属，这也是学者王国维最为人所熟知的一部评词论集，其主要的观点就是用“意境”作为标准来衡量诗词之高下。王国维在《人间词话》中科学地分析了“景”与“情”的关系和产生的各种现象，在中国文学批评史上第一次提出了“造境”与“写境”，“理想”与“写实”等一系列的重要命题。王国维依据意与境的根本关系，从物与我以及创造意境的不同方法出发，将意境区分为“有我之境”和“无我之境”。王国维在撰写《人间词话》之前，经历了外族入侵、清政府没落、价值体系紊乱等时代所赋予的痛苦洗礼。人生问题的困扰使他走向了哲学研究：“人生之问题，日往复于胸臆，自是始决计从事于哲学的研究”，他试图以研究哲学解决“人生之问题”，从中寻觅人生解脱之道，却最终移情于文学。文学的非功利性和纯粹审美带来的愉悦，使王国维努力在文学中寻觅对人生痛苦的慰藉，探寻自己的人生境界与目标。

【原文】

古今之成大事业、大学问者，必经过三种之境界：“昨夜西风凋碧树。独上高楼，望尽天涯路。”①此第一境也。“衣带渐宽终不悔，为伊消得人憔悴。”②此第二境也。“众里寻他千百度，回头蓦见，那人正在灯火阑珊处。”③此第三境也。此等语皆非大词人不能道。然遽④以此意解释诸词，恐为晏、欧诸公所不许也。

【课文注释】

①“昨夜”三句：出自晏殊的《蝶恋花》：“槛菊愁烟兰泣露，罗幕轻寒，燕子

双飞去。明月不谙离恨苦，斜光到晓穿朱户。昨夜西风凋碧树，独上高楼，望尽天涯路。欲寄彩笺兼尺素，山长水阔知何处?”晏殊，字同叔，抚州临川人。北宋著名文学家、政治家。

②“衣带”二句：出自柳永《凤栖梧》：“伫倚危楼风细细。望极春愁，黯黯生天际。草色烟光残照里。无言谁会凭栏意。拟把疏狂图一醉，对酒当歌，强乐还无味。衣带渐宽终不悔，为伊消得人憔悴。”王国维将此词作者误作欧阳修。柳永，原名三变，字景庄，后改名柳永，字耆卿，因排行第七，又称柳七，福建崇安人，北宋著名词人，婉约派代表人物。

③“众里”三句：出自辛弃疾《青玉案·元夕》：“东风夜放花千树。更吹落、星如雨。宝马雕车香满路。凤箫声动，玉壶光转，一夜鱼龙舞。蛾儿雪柳黄金缕。笑语盈盈暗香去。众里寻他千百度，蓦然回首，那人却在，灯火阑珊处。”王国维引文将“蓦然回首”误作“回头蓦见”，将“却在”误作“正在”。辛弃疾，字幼安，号稼轩，历城（今山东省济南）人。南宋著名词人。有《稼轩长短句》《稼轩词》等。

④遽（jù）：遂，就。

【解析要点】

王国维《人间词话》第二十六则非常著名，尤其是此则中的“三种境界”，应该也是王国维非常喜欢的一则，按照这一则的上下文语境，王国维是立足于成就大事业、大学问这一高度来建立“三种境界”说的。第一种境界高楼远望，借用晏殊“昨夜”三句，表达高远目标的重要性及追寻确立目标的不易；第二种境界苦恋消形，用的是柳永的“衣带”二句，表现的是在追求理想的过程中需要一种持之以恒的执着品格；第三种境界实现目标，依托辛弃疾的“众里”三句，展现出心中的目标虽然难寻，但是在经历过曲折终于有所得的最终境界。三种境界，概而论之，实乃理想的确立、追求和实现的三个阶段。三重境界，有所先后，互相关联，不断递进，不断提升。王国维引用的均为名家名篇名句，而且都是写爱情中情侣们的苦望、苦思、苦求，并非写事业的成功与学问的发现。但王国维却创造性地将之从原作中分离出来，整合到自己所要言说的事业与学问的追求过程上来，使之获得一种崭新的生命力，是误读，但又是极具创造性的解读。

【思考题】

1. 你是否读过王国维的《人间词话》？请从中选择你最喜欢的一则，谈一谈喜欢的原因和自己的阅读与思考。

2. 你还了解古今中外哪些创造性的误读的例子，请尝试列举出来。

3. 进入大学后你如何确立自己大学生活的目标，并为之做了哪些努力，请梳理和分享。

在岳麓书院的演讲（节选）[1]

黄永玉[2]

【课文导读】

黄永玉作为当代文坛和画坛的“鬼才”，在艺术创作上极富想象力和创造力。而黄永玉在美术和文学上的成绩几乎都是自学得来的，这种对自己感兴趣的领域孜孜以求，不知疲倦的学习状态特别打动人，也再次验证了“兴趣是最好的老师”这个说法。被邀请到岳麓书院举行演讲，黄永玉谈的是他最有心得体会的绘画和文学，就文中“艺术的抽象与具体”这一问题，黄永玉以中国画为例，旁涉对王维的诗歌、根雕和石头的欣赏，娓娓而谈，让人们更好地体会和认识抽象艺术的魅力。

【原文】

中国画讲究气韵，讲究空灵，讲究含蓄。为什么要讲究呢？因为人需要抽象一点的东西来综合调节纷扰的生活。在家里，在办公室，忙碌下来之后，人常常遗失在一种时空的空洞中，什么也不做，也不想，朦朦胧胧，傻在那里，有人过来东问西问，你便会说别吵别吵，让我静一静。这种静一静不是休息，雅一点叫作超脱，叫作茫然，叫作忘机。

现实生活中的人，常常忘记或失落这种重要的空蒙状态。人在山上悬崖峭壁上面，对着脚下的万丈峰峦，远处重叠的群山，也不能说他当时什么也不想，但可以肯定，大部分时空中都处在一种不思想的境界里。在大海边，在松树里，在月下，晨光熹微之前，在繁显的生活中，有这种境界是很养人的，它起着一种复生活力的作用。中国画中，人们特别看重这类境界的作品。马远、范宽这两位宋代的名家，元代的倪云林（名瓒，字元镇），包括以后的石涛、“八大”，以及近代的傅抱石，都是这方面的能手。

我讲讲傅抱石画画。他先有一个想法，有时画一幅很大很大的画，用很大的笔，僻啦啪啦，洒水，洒墨。洒完了之后，让它干。干了以后，把它团起来，捏，捏成一个团。然后再把纸铺开、压平，当然上面还是高高低低，他再拿笔在上面扫。扫完了，再烫平，把它挂起来。看上去什么也没有，很抽象的东西。然后，他在里面去找雾，找远近的距离，找水流，找瀑布。在这个基础上，用笔把水，把空蒙的东西加强，把它剔出来。剔出来之后，还是很抽象的东西。他就在里面加几棵“大树”。那大山上的“大树”，实际上是棵很小的树。在树底下加几间更小的房子，房子里加几个更加小的人，红的衣服的，绿的衣服的，非常突出的人。看画的人当注意到这些的时候，再回头来看看他刚才画的那些乱七八糟的东西，就都有“东西”了，近处的山，远处的山，把人们都引到那个山水里面去了。傅抱石先生高明的地方，就是能把抽象和具体协调得非常完美，是这么一个伟大的艺术家。

这种修养是很难达到的。鲁迅以前曾经批评一种浅薄的、简单的理解这种抽象与具体，理解这种所谓的高雅的做法，他说：“崇尚高洁，便成空虚。”没有这种修养，没有这种理解能力，假装来高洁一下，就空虚了。搞不好，很容易变得幼稚可笑。这在艺术上是一种控制的学问。

王维的这两句诗：“返景入深林，复照青苔上”，说明了什么呢？说明了一种感觉，不是很具体的东西，一种很缓慢地在移动的意境。但这种意境，在艺术上要得到它是非常难的，所以我们有什么在画面上得不到的，就到诗、词里面去寻找，再反过来帮助我们的创作。有的朋友也不了解，向我诉苦，说听不懂现代音乐，也看不懂抽象画，尤其是外国的那种前卫的现代画。我就告诉他：你原来是听得懂看得懂的，你把听得懂看得懂的本事忘记了。我就问他你看过京戏吗？看过地方戏吗？听过锣鼓的闹台吗？他说看过、听过。我问他，你受得了吗？他说当然受得了。很简单，现代音乐就是加了音符、音调的有哆来咪发嗦的锣鼓点子。现代抽象画，也就是加了各种颜色的锣鼓点子。更具体地说，美术学院素描老师教画人体画的学生画石膏像，讲要点，讲形体、色调、质感、虚实运动，还讲深重关系、纵深关系、形体关系，讲光，太阳光照在形体上光起了什么变化，衣服同脸的对比关系。讲完了，让你去练，深入认识，这就叫素描了。那些绘画元素，你要深深记住，用这种方式理解你要进行的工作。只要这些东西弄懂了，你将来画人也好，画树也好，画风景也好，你都懂得这些关系了，画起来是熟练的问题了。这说的是写实主义的画。

那些抽象作品的表现是什么呢？它只是使用了前面我讲的那些形体、调子、质感、虚实、纵深关系、运动、对比这些元素之中的一种。比如调子。它无所谓主题，调子就是我的主题。我表现的就是调子。什么是调子？就是深浅。一块一块颜色，深浅不一的微妙的调子，这就是一张画了。我表现质感，粗的细的，这是一张画。我表现强烈的色彩，这又是一张画。实际上是回去了，回到了我们研究元素的阶段去进行创作。

现代绘画基本上是用这种表现方法。我们看画呢，也要用这种方法来看。就像我们喝茶一样，外国人就不能理解中国人喝茶，既不甜，又没有油，也没有什么味道。茶的妙处，就像我们在“喝”一种抽象画一样。可以用这种角度去体会现代绘画。

好的抽象画，看惯了，也是很过瘾的。不过，它打破了我们过去的欣赏习惯。动不动就要问它讲的是什么？有什么故事？是什么意思？它是不讲这些的。有一个人问毕加索：“你这幅画是什么意思？我一点也不懂。”毕加索就问他：“你听过鸟叫吗？”那个人说：“听过。”问他：“好听吗？”那人说：“好听。”毕加索又问：“你懂吗？”那个人说：“我不懂。”

其实，中国人不仅仅懂得抽象艺术，而且是个提倡者、创造者。提倡游山玩水，就是搞抽象游戏。山水没有给你什么故事，没有具体内容，所谓陶冶性情，就是欣赏抽象艺术。

树根雕刻的欣赏，也有两个阶段。最初的阶段是它像什么。像仙鹤，像跳舞，像下棋，像狮子，像老虎，像老鹰。久而久之，就发现模拟的形象，没有自然的形象那么妙。最好不弄出点什么来，单纯地看那一点妙处，可能比像什么更好。看看树根流动的那种质感，那种运动关系，那种很强大的生命力，就把你带到一种很高雅的欣赏境界中去了。

也有懂得欣赏石头的。石头的形态、纹理，也同欣赏树根一样，开始也有一个模拟具体形象为目的的阶段。石头里面有山水，有风景。我们湘西有很多的洞，桂林也有。我有一次在桂林，很高兴很惬意地跑到七星岩的溶洞里，来了个女解说员解说，她说那个就是牛郎啦，这个是织女，新社会以后牛郎开拖拉机，到深圳搞企业去了，织女到纱厂去做领导工作去了。我在旁边听她这么一讲，看石头的兴趣一点也没有了。不需要讲，我自己去体会那种境界，体会就是欣赏抽象艺术，把它一具体化，尤其是作现实的描述，整个就完蛋了，我只好跑了。

石头和树根都有一种天趣，也有一种画意。大理地区出产的大理石纹样，有的像山，有的像云、树，它是几十亿万年前的石头，给我们带来一种快乐，那是一种神奇的快乐，巧的快乐。经过开发者的修饰、打磨、引导，的确让人叹为观止。可是我更喜欢稍稍加工打磨一下的那种比较抽象的东西，树根或者石头块，那种有更深的意境，不是那么具体。

汉唐魏晋六朝，就已经有人欣赏这种艺术了，比如白居易收集石头，有首诗："回头问双石，能伴老夫否。石虽不能言，许我为三友。"魏晋六朝的时候，《南史》记载，一户人家运来一块很漂亮的石头，后来跟人家打赌赌输了，就运到了另一家去了。那块石头非常大，老百姓跟着看，跟着围观。

还有宋朝的米芾，见到好石头，就拜、叩头，并不是因为它长得像菩萨，而是因为它美。对石头的美还总结了一些理论，归纳成八个大字。一个是"漏"，上下要通气；一个是"瘦"，长得秀气；要"皱"，起皱纹；要"透"，要有洞，透来透去的。合起来就是"漏、瘦、皱、透"。另外从它的形状来讲，一个是"清"，长得清秀的清；一个是"丑"，石头长得丑也很有意思；一个是"顽"，样子很顽皮；一个是"拙"，样子很傻、笨拙。合起来就是"清、丑、顽、拙"。这八个字点出了形的气质。所以很多东西，我们早就有了。

当我们今天欣赏英国的赫尔摩——一个大雕塑家的作品，实际上就是我们的石头，漏、瘦、皱、透什么都有。看它动与动的关系，打磨的光滑同粗糙的对比，就是这些东西。当然，这并不是说我今天还不会，明天瞎打几个洞就是艺术了，不是这样，它还是有很深的经验与学问的。我们中国早就有欣赏这种东西的习惯，经过一段时间的隔膜，就变成两种东西了。欣赏抽象艺术，有一种抽象的感觉的美，这种美是我们非常需要的东西。我们需要空灵，空灵对人是很有益处的。人常常把它忘了。

【课文注释】

1. 选自黄永玉在岳麓书院的演讲，这篇演讲的篇幅比较长，主要涉及绘画和文学，本文节选的是其中讲到"艺术的抽象与具体"这个话题的内容。

2. 黄永玉，笔名黄杏槟、黄牛、牛夫子，土家族，湖南凤凰人。擅长版画、彩墨画。少年时期就以出色的木刻作品蜚声画坛，16 岁开始以绘画及木刻谋生。曾任瓷场小工、小学教员、中学教员、家庭教育馆员、剧团见习美术队员、报社编辑、电影编剧及中央美术学院教授、中国美术家协会顾问。黄永玉自学美术、文学，为一代"鬼才"，诗书画俱佳，亦是诗、杂文、散文、小说、剧本的大家，有《永玉六记》《老婆呀，不要哭》《这些忧郁的碎屑》《沿着塞纳河到翡冷翠》《太阳下的风景》《无愁河的浪荡汉子》等著作。

【解析要点】

我们要如何看待艺术中的抽象和具体？黄永玉在这篇演讲中给出了自己的回答，他推崇抽象艺术带给人们的美感，它启迪人们的艺术思维，拓宽艺术想象的空间，正像文中提到的一个人和毕加索的对话所揭示的那样，很多人都听过鸟叫，但是又有多少人能听懂鸟叫呢？听不懂，但是依然不妨碍人们能够欣赏悦耳的鸟鸣，并从中感受到自然的美感。还有根雕艺术，最初级的阶段是观察它像什么，等到了高级阶段，反而不重视像什么，而是更注重自然天成，自然的形象就是最妙的，透出一股天然的妙趣。天趣是气韵，空灵，含蓄，也是超脱，茫然，忘机。

【思考题】

1. 你如何理解艺术中的抽象与具体？请举例说明。

2. 请思考“留白”在中国画创作中有何作用？在中国其他艺术形式中还有体现吗？

3. 作者说“石头和树根都有一种天趣，也有一种画意”，对此，你如何理解？联系盆景这种艺术形式，请谈谈你的思考与理解。

自读课

三元里[①]

〔清〕张维屏[②]

【课文导读】

《三元里》是清代诗人张维屏所做的新题乐府诗。这首诗选取1841年广州三元里人民的抗英斗争为题材，艺术地再现了历史的真实，热情歌颂三元里人民英勇无畏的抗敌业绩，严厉地斥责投降派的屈膝卖国，对当时怯敌媚外的清政府官员进行了愤怒的谴责，表达了强烈的爱国主义精神。

【原文】

三元里前声若雷[3]，千众万众同时来。
因义生愤愤生勇，乡民合力强徒摧。
家室田庐须保卫，不待鼓声群作气[4]，
妇女齐心亦健儿，犁锄在手皆兵器[5]。
乡分远近旗斑斓，什队百队沿溪山。
众夷[6]相视忽变色："黑旗死仗难生还。[7]"
夷兵所恃[8]惟枪炮，人心合处天心到[9]，
晴空骤雨忽倾盆，凶夷无所施其暴：
岂特火器无所施，夷足不惯行滑泥，
下者田塍苦踯躅[10]，高者冈阜愁颠挤[11]。
中有夷酋貌尤丑，象皮作甲裹身厚[12]。
一戈已揕长狄喉，十日犹悬郅支首[13]。
纷然欲遁无双翅，歼厥渠魁[14]真易事。
不解何由巨网开，枯鱼竟得攸然逝[15]。
魏绛和戎且解忧[16]，风人慷慨赋同仇[17]，
如何全盛金瓯日，却类金缯岁币谋[18]。

【课文注释】

①这首诗写于道光二十一年（1841）。是年5月27日，《广州和约》签订，激起了广东人民的义愤。英军经过三元里时，又抢劫行凶，调戏妇女，三元里人民忍无可忍，联合附近一百零三乡群众对英军进行反击。这就是历史上著名的三元里抗英斗争。这首诗歌颂三元里人民英勇反抗外来侵略的战斗精神和爱国热情。三元里，村名，在广州城北。

②张维屏（1780—1859），字子树，号南山，又号松心子，晚号珠海老渔，广东番禺（今广东省广州市）人，爱国诗人。嘉庆九年（1804）中举人，道光二年（1822）中进士，因厌倦官场黑暗，于道光十六年（1836）辞官归里，隐居"听松园"，闭户著述。

③声若雷：喻声势之大。

④"不待"句：《左传·庄公十年》："夫战，勇气也，一鼓作气。"诗本此而有

变化。

⑤“妇女”二句：“逆夷由三元里过牛栏岗抢劫，予闻锣声不绝……不转眼间，来会者众数万，刀斧犁锄，在手即成军器，儿童妇女，喊声亦助军威。”（李福祥《三元里打仗日记》）

⑥夷：古代用以泛指西方的少数民族，也用以称外国人。这里指英国侵略军。

⑦“黑旗”句：自注：“夷打死仗则用黑旗，适有执神庙七星旗者，夷惊曰：‘打死仗者至矣！’”

⑧恃（shì）：依赖，凭借。

⑨“人心”句：意为人心齐，老天也来保佑。指下文的天降大雨，英军的火炮失灵、行走不便等。

⑩塍（chéng）：田间的土埂子。踯躅（zhízhú）：徘徊不前，比喻走路艰难。

⑪“高者”句：在高处的人又提心吊胆地怕掉下来。冈阜，山脊，山坡。颠，头顶，引申为最高处，坠落。

⑫“中有”二句：梁廷楠《夷氛闻记》卷三：“伯麦身肥体健，首大如斗。”夷酋，指英国侵略军军官。

⑬“一戈”二句：英军少校毕霞等被刺死，悬首数日。《左传·文公十一年》：“获长狄侨如，富父终甥椿其喉以戈，杀之。”摏（chōng），同“椿”，撞击。长狄，古代北狄的一种。悬郅支首，汉元帝时，西城都护甘延寿及副校尉陈汤等人，杀匈奴郅支骨都侯单于，悬其首于蛮夷邸门。车骑将军许嘉、右将军王商以为“宜悬十日”（见《汉书·陈汤传》）。

⑭歼厥渠魁：语出《尚书·胤征》。渠魁，首领。

⑮“不解”二句：英军龟缩四方炮台，数万群众团团围住，正待全歼敌人时，英军派汉奸混出重围，带信恐吓清廷派往广东的靖逆将军奕山，奕山派广州知府余保纯，用各种欺骗手段将村民驱散，英军得以解围。诗写此事。枯鱼，语出《庄子·外物》，困于涸辙中的鱼，此指英军。这句诗以枯鱼很快游入水的深处，喻敌人得以解围逃脱。

⑯“魏绛”句：指清政府投降派与敌人议和事。魏绛，即魏庄子，春秋时晋国大夫，力主与戎族和好，认为和戎有五利；意见为晋悼公所采纳，与诸戎族订盟，从而保证了晋国国势的强盛。（事见《左传·襄公四年》）诗人这里是反用其事，谓与英议和只顾解眼前之忧，无益于国事，故才有下文“赋同仇”云云。

⑰风人：诗人。古代太史陈诗以观民风，故称诗人为“风人”。同仇：《诗经·

秦风·无衣》："修我戈矛，与子同仇。"这里指人民同仇敌忾，奋勇杀敌。

⑱"如何"二句：斥责投降派在国家强盛的情况下，像北宋对待辽、金一样，每年输纳大量钱物，屈膝求和。金瓯，喻国家疆土完固。《南史·朱异传》："我国家犹若金瓯，无一伤缺。"金缯，金银丝绢。岁币，指朝廷每年向外族输纳的银两。按，1841 年 5 月 17 日的《广州和约》议定：七日之内，向英国侵略军缴"广州赎城费"六百万元，赔偿英国商馆损失三十万元，清军退出广州城六十英里之外。

【解析要点】

这首诗中洋溢着感人的爱国热情、人民保家卫国的一片热忱、顽强不屈的斗志、对敌斗争的坚强信念，还有投降派的卑躬屈膝，均一一跃然纸上，读之，深深地感染着我们这些后来人，激励鼓舞我们更加热爱祖国，努力奋进。

【思考题】

1. 如何理解"不解何由巨网开，枯鱼竟得攸然逝"这两句中的"不解"和"枯鱼"？这表达了作者怎样的情感？

2. "魏绛和戎且解忧，风人慷慨赋同仇"使用了什么典故？作者用这个典故的用意是什么？

3. 作为一名当代大学生，我们今天如何爱国？请就这一话题，谈谈你的思考。

我曾七次鄙视自己的灵魂[①]

（美）纪伯伦[②]

【课文导读】

苏格拉底曾说过，未经反省的人生是不值得过的。而纪伯伦则用《我曾七次鄙视自己的灵魂》去叩击灵魂与人性，引发人们对自己的生活和人生做出反思。这首诗仿佛向人们发出了灵魂七问，是一首让人不得不直面自己内心的诗，它无情地将人生剖开并淋漓尽致地展示，让我们看到自身存在的诸如懦弱无能、摇摆不定、舍难取易、自我逃避、自欺欺人、庸碌无为、自我标榜等缺点。这首诗充满哲思的奇妙，值得反复品读，帮助人们更客观更透彻地认识自我，看清自己。

【原文】

第一次，当我看到她可以升迁却有意谦让时。

第二次，当我看见她在腿残者眼前跛行而过时。

第三次，当我看见她在难易之间选择了容易时。

第四次，当她犯了错误，却用别人也会犯类似的错误的理由来抚慰自己时。

第五次，当她因为脆弱而忍让，却说成是一种坚忍时。

第六次，当她鄙夷一张丑恶的面庞，却不知道那正是自己的一副面具时。

第七次，当她吟唱颂歌却自以为是一种美德时。

（钱满素译）

【课文注释】

①选自纪伯伦诗集《沙与沫》。

②纪伯伦（Kahlil Gibran，1883—1931）：出生在黎巴嫩北部山乡卜舍里，黎巴嫩诗人、作家、画家，被称为“艺术天才”“黎巴嫩文坛骄子”，是阿拉伯文学的主要奠基人，20 世纪阿拉伯新文学道路的开拓者之一。其主要作品有《泪与笑》《先知》《沙与沫》等，蕴含了丰富的社会性和东方精神，不以情节为重，旨在抒发丰富的情感。纪伯伦与鲁迅和泰戈尔都是近代东方文学走向世界的先驱，其与印度的泰戈尔并称“站在东西方文化桥梁的两位巨人”。

【解析要点】

曾子曰：“吾日三省吾身。”致知的过程中不同阶段的自我反省都有其意义，当我们年轻时，我们对自己的人生选择有过怎样的思考与自我评判？读纪伯伦这首诗不由自主地引发我们去思考，让我们看到自己灵魂中可能有的不完善不完美甚至卑下之处。致知不是凌空蹈虚，是切实的，是在清醒认识自己和评价自己的基础上的坚持。如此，我们方能做到“不要因为走得太远，忘了我们为什么出发”。

【思考题】

1. 你如何理解纪伯伦在这首诗中提出的灵魂七问？请谈谈你的认识。

2. 你对自己到目前为止的人生满意吗？是否曾经反思过？请仿照这首诗，尝试列出你的“灵魂七问”。

3. 有一则哲理故事，大意是：人不能一直急匆匆赶路，有时需要停下来歇息，别走得太快，等一等灵魂。请谈谈你的思考与理解。

综合实践课

致知在人生路途中的重要性不言而喻，而致知的起点，也许不是一开始就将目光投向外部世界，而是向内省观自身，正如中国的一句古训所言“人贵有自知之明”，又如“德斐尔箴言”，即传说在3000年前希腊德尔斐神庙阿波罗神殿门前的那一句石刻铭文“认识你自己”。本专题选入的纪伯伦《我曾七次鄙视自己的灵魂》在译介过程中产生了众多译本，请先对这首诗的英文原文和给出的六个译本进行对比阅读，然后选出最喜欢的译本，并阐明选择的原因和依据，做成PPT进行展示。

1. 活动名称：纪伯伦诗歌比读。

2. 目的任务：通过对纪伯伦诗歌的对比阅读，加深对生命和人生的认识。

3. 活动程序：选定文本—对比阅读—查找资料—制作PPT—汇报展示。

4. 活动成果：对比阅读成果PPT。

5. 评价方案：根据前期准备工作情况、对比阅读过程中完成情况、汇报展示后资料整理情况等进行综合评价。

6. 活动建议：

（1）小组完成，注重成员间的分工协作。

（2）重视实际文本对比阅读的过程，不可停留于表面。

（3）汇报展示的PPT内容应包括但不限于小组信息（组长、成员、分工），阅读过程介绍，阅读心得体会，阅读收获或发现等。

附：纪伯伦《我曾七次鄙视自己的灵魂》英文原文及中译本。

Seven times have I despised my soul

The first time when I saw her being meek that she might attain height.

The second time when I saw her limping before the crippled.

The third time when she was given to choose between the hard and the easy, and she chose the easy.

The fourth time when she committed a wrong, and comforted herself that others also commit wrong.

The fifth time when she forbore for weakness, and attributed her patience to strength.

The sixth time when she despised the ugliness of a face, and knew not that it was one of her own masks.

And the seventh time when she sang a song of praise, and deemed it a virtue.

译文①译者不详

第一次，当它本可进取时，却故作谦卑。

第二次，当它在空虚时，用爱欲来填充。

第三次，在困难和容易之间，它选择了容易。

第四次，它犯了错，却借由别人也会犯错来宽慰自己。

第五次，它自由软弱，却把它认为是生命的坚韧。

第六次，当它鄙夷一张丑恶的嘴脸时，却不知那正是自己面具中的一副。

第七次，它置身于生活的污泥中，虽不甘心，却又畏首畏尾。

译文②译者不详

第一次，是当我看到她本可进取，却故作谦卑时。

第二次，是当我看到她在瘸子面前跛行而过时。

第三次，是当她在难易之间，却选择了容易时。

第四次，是当她犯了错，却借由别人也会犯错来宽慰自己时。

第五次，是当她因为软弱而忍让，却声称为自己的坚韧时。

第六次，是当她鄙夷一张丑恶的嘴脸，却不知那正是自己面具中的一副时。

第七次，是当她吟唱圣歌，却自诩为一种美德时。

译文③译者不详

第一次，是当它想通过卑贱之路获得升腾时。

第二次，是当它在瘫痪者面前跛足而行时。

第三次，是当它在难易间进行选择而选择了易时。

第四次，是当它犯了错误却因别人的错误而自慰时。

第五次，是当它软弱地忍耐且把这忍耐说成是强大时。

第六次，是当它面对生活的泥潭而卷起尾巴认输时。

第七次，是当它站在上帝面前高唱圣歌而以为唱圣歌是它的一种美德时。

译文④译者不详

当能进取时，选择了顺从现状，此为其一。

在瘸子面前跛行，此为其二。

当面临着困难和容易的选择，选择了后者，此为其三。

犯错后以其他人皆会犯错为借口，此为其四。

因软弱而忍耐，并把这种忍耐归于坚强而聊以慰藉，此为其五。

鄙视丑恶的面孔，却不知自己早已是那副面孔，此为其六。

唱起颂歌，还以美德自诩，此为其七。

译文⑤ 冰心译

第一次是在她可以上升而却谦让的时候。

第二次是我看见她在瘸者面前跛行的时候。

第三次是让她选择难易，而她选择了易的时候。

第四次是她做错了事，却安慰自己说别人也同样做错了事。

第五次是她容忍了软弱，而把她的忍受称为坚强。

第六次是当她轻蔑一个丑恶的容颜的时候，却不知道那是她自己的面具中之一。

第七次是当她唱一首颂歌的时候，自己相信这是一种美德。

研究探索课

1. **选题指导**

本专题主要围绕“致知”这一话题展开，致知的目的不仅仅是了解或掌握一定的知识，将学习过程中获得的知识，加上自己的理解，并在实践中进行实际运用，也是一个重要命题，请围绕“读万卷书，行万里路”这一主题，结合专业学习、阅读思考，生活实践，选择你最有体会的点，结合对生活的认识，对生命的认识，对家国的认识，大学生的梦想、青春、责任担当等方面，进行拓展学习，深入探究。

2. **研究方法与材料收集**

以马克思主义唯物辩证法为基础，结合访谈法、调查法、归纳法等方法进行研究。

3. **成果展示**

以小论文形式展示，论文字数不少于 1500 字。

要求：论点清晰，论据充分，论证有力。

专题三　诚意树正念

【专题导读】

做人贵在诚。诚，是一种态度，言不轻许，许则必践。诚信是一种人生信条，是需要以赤诚之心，尽自己最大的努力去践行的。

本专题围绕诚信这一主题选取了六篇文章。《论语（四则）》以语录体的形式，言简意赅地论述了诚信在做人、治国、交友等方面的重要性。《扬子江》是一首爱国主义诗歌，作者运用比喻的修辞手法，把自己的一颗忠君爱国之心比成指南针的磁石，不抵南宋誓不罢休。学习时要在理解的基础上，着重赏析诗歌中诗人所表达的对祖国矢志不渝的爱国之心。《戒失信》是一篇说理性散文，作者围绕着“食言”和“愆期”这两种失信类型，大量举例，运用对比论证法，强调信不可失。《宽容·序言》是一篇耐心人寻味的叙事散文诗，语言优美，叙事性强，写出了代表封建统治势力的“老人”对真理和现实的无视和背叛，写出了勇敢的“先驱者”们经过流血牺牲终于换来了大众的觉醒。《不苟》长于说理，荀子从天道说到人政，语言铿锵有力，节奏性强，富于文采。《三顾茅庐》通过细腻的人物描写，写出了刘关张三顾茅庐请诸葛亮出山的诚意。

学习本专题，要围绕“诚信”这一社会主义核心价值观展开研究，学习古诗文中蕴含的传统文化精神，探索古典诗文中的当代价值。

【学习目标】

1. **思政目标**

（1）体味选文中所传达出的“诚信”品质，以及“救天下于危难”“为国赴死”的使命担当。

（2）培养学生言必信行必果、勇于担当、为国尽忠的高尚品质。

2. **知识目标**

（1）掌握所选诗文基本的字词句法。

（2）反复诵读，在熟读的基础上，理清文章思路，整体把握文章主题。

3. **能力目标**

（1）学习文章中多种说理方法和人物描写手法，并能运用到日常生活与写作中。

（2）通过分析意象，探究诗文意境，培养学生的文学鉴赏能力。

讲读课

论语（四则）

【课文导读】

《论语》由孔子的弟子和再传弟子根据孔子及其弟子们的言行整理编写而成。《论语》与《大学》《中庸》《孟子》并称“四书”。“诚信”是《论语》中所表达的儒家思想的一个重要部分，“诚信”是日常生活中人与人之间交往的基本原则。做一个君子，要做到言行一致，在治理国家方面，统治者的公信力比粮食和军备更为重要，诚信于人，就如同车子上最重要的配件，没有诚信，人寸步难行。交友的时候，孔子提出的“三交”和“三不交”的原则，对我们有重要的参考意义。

选文部分讲述了诚信在做人、治国、交友等方面的重要性，对我们日常学习、交友和价值观的形成有重要的指导作用。

【原文】

1. 子贡问君子①。子曰："先行其言而后从之②。"

——《为政篇第二》

2. 子曰："人而无信，不知其可③也。大车无輗④，小车无軏⑤，其何以行之哉?"

——《为政篇第二》

3. 子贡问政⑥。子曰："足食，足兵，民信之矣。"子贡曰："必不得已而去，于斯⑦三者何先?"曰："去兵。"子贡曰："必不得已而去，于斯二者何先?"曰："去食。自古皆有死，民无信不立⑧。"

——《颜渊篇第十二》

4. 孔子曰："益者三友，损者三友。友直，友谅⑨，友多闻，益矣。友便辟⑩，友善柔⑪，友便佞⑫，损矣。"

——《季氏篇第十六》

【课文注释】

①子贡（前520—前456）：复姓端木，名赐，字子贡。君子：君子之道。

②行：践行。言：说过的话。从之：使别人跟着做。从，跟从；之，代词，代指"行其言"。

③可：行，可以。

④輗（ní）：古代车子用来固定、连接横木或车轭的部分。

⑤軏（yuè）：古代车子上的销钉，位于辕的前端与车横木的连接处。

⑥问政：请教从政之道。

⑦斯：这。

⑧民无信不立：（如）老百姓对统治者不信任，（这个国家就不能）存在下去。立，存在。

⑨谅：诚信。

⑩便辟：善于谄媚逢迎。便，熟悉，善于；辟，同"僻"，邪僻。

⑪善柔：善于用柔弱骗人，即不诚信。

⑫佞：巧言善辩，谄谀。

【解析要点】

诚信是做人的重要标准，我们判断一个人是不是靠谱，不是要看他承诺了什么，而是要看这个人是不是能把承诺兑现。诚信是统治者治国的重要标准，在孔子看来，对一个统治者来说，诚信是比粮食和军队更重要的东西，是民心所归的首要前提。诚信是交友的重要选择标准，要和诚信的人交友，不要和表里不一、口是心非的人交友。

【思考题】

1. 孔子对于“食”“兵”“信”在治国中的排序是怎样的？

2. 孔子所说的“益者三友”和“损者三友”分别指的是哪三类人？孔子所述的择友观对我们当今青少年的交友有什么借鉴意义？

3.《论语》中“子曰”的“子”都是指孔子，古代很多著名的思想家、教育家都被称为“某子”，例如孔子、孟子、荀子、老子等。请查询资料，了解中国古代关于“子”这一称呼的由来。

扬子江（并序）①

〔宋〕文天祥

【课文导读】

《扬子江》是一首七言绝句。序言部分交代了这首诗的写作背景：文天祥代表南宋入元谈判被扣留，后在被押送北上的途中在镇江逃脱，到了扬子江，因长江中沙洲、长江南岸许浦等地已经被元兵占领，文天祥一行只能绕道北行，取道北海，然后经长江口南下。可谓是历经险阻，初心不改。

诗中作者运用比喻的修辞手法，把自己的一颗忠君爱国之心比成指南针的磁石，不抵南宋誓不罢休。学习时要在理解的基础上，着重赏析诗歌中诗人所表达的对祖国矢志不渝的爱国之心。

阅读时仔细阅读诗前序言，可以帮助我们更好地理解诗歌。

【原文】

自通州至扬子江，两潮可到。为避渚沙及许浦[②]，顾诸从行者，故绕去，出北海[③]，然后渡扬子江。

几日随风北海游，回从扬子大江头[④]。

臣心一片磁针石，不指南方不肯休[⑤]。

【课文注释】

①选自《指南录详注》，文天祥撰，吴海发注。文天祥（1236—1283），乳名云孙，字天祥，后以字为名，改字履善。江西吉州庐陵（今江西省吉安市）人。南宋末年政治家、文学家，著名的民族英雄和爱国诗人。扬子江：长江的扬州以东地段称扬子江。

②避渚沙：躲开长江中沙洲上的元兵。许浦：在长江南岸（今江苏常熟东北），浒浦当时也为元兵把守。

③出北海：取道北海。北海，长江口以北的海域，今属黄海。文天祥一行是从南通石港、卖鱼湾那里乘海船南奔，不是在南通乘江船走的。所以下诗有“随风北海游”的描写。

④“回从”句：（乘海船到）扬子江江头算是开始回南宋了。

⑤“臣子”二句：我的心像指南针的磁针一样，一定要指向南方才停歇。这里表达的是诗人坚贞不屈的爱国之心。这也是诗集命名为《指南录》的缘由。南方：这里指南宋。

【解析要点】

文天祥在南宋身居要位，当国家陷入困境时，文天祥不顾个人安危，只身进入敌营谈判。当遭受敌人囚禁，面对敌人以高官厚禄诱降时，文天祥保持了对国家的忠贞和对理想的执着，他坚贞不屈，在临刑前向着代表南宋故土的南方行跪拜之礼，然后慷慨赴死，最终以身许国。其舍生取义的精神，当受万世景仰。

【思考题】

1. 序言部分主要介绍了什么内容？文学作品中的序言有什么作用？

2. 文天祥是南宋著名的爱国诗人，你还知道哪些爱国诗人？请查阅整理其他爱国诗篇，并赏析。

3. 有人说做人要认清现实，“识时务者为俊杰”；也有人说做人要诚实守信，认定了一件事就要做下去，“虽九死其犹未悔”。这两种说法矛盾吗？请谈谈你的看法。

戒失信[①]

蔡元培

【课文导读】

1916 年 3 月，华法教育会为筹备创办华工学校，开设师资班，同年 4 月 3 日开学，由蔡元培编写德育、智育讲义，名为“华工学校讲义”，亲自授课。《戒失信》就是讲义内容之一，着重论述了失信的两种类型：食言和不守时。

《戒失信》是一篇说理性散文，文中围绕着“食言”和“愆期”这两种失信类型，大量举例，通过正面举例肯定了守诺守时的人的高尚德行，通过反面例子生动形象地说明了失信的危害性，最后强调失信在人际关系和自身成长中危害极大，亟待解决。

【原文】

失信之别有二：曰食言，曰愆期[②]。

食言之失，有原于变计者，如晋文公伐原[③]，命三日之粮，原不降，命去之。谍[④]出曰：“原将降矣。”军吏曰：“请待之。”是也。有原于善忘者，如卫献公戒[⑤]孙文子、宁惠子食，日旰[⑥]不召，而射鸿[⑦]于囿[⑧]，是也。有原于轻诺者，如老子所谓“轻诺必寡信”是也。然晋文公闻军吏之言而答之曰：“得原失信，将焉用之？”见变计之不可也。魏文侯与群臣饮酒乐，而天雨，命驾，将适野。左右曰：“今日饮酒乐，天又雨，君将安之？”文侯曰：“吾与虞人期猎，虽乐，岂可无一会期哉？”乃往身自罢之，不敢忘约也。楚人谚曰：“得黄金百，不如得季布诺。”言季布不轻诺，诺则必践[⑨]也。

愆期之失，有先期[⑩]者，有后期者，有待人者，有见待于人者。汉郭假行部[⑪]，到西河美稷[⑫]，有童儿数百，各骑竹马，道次迎拜。及事讫[⑬]，诸儿复送至郭外，问使君何日当还。仅计日告之。行部既还，先期一日，仅谓违信于诸儿，遂止于野，及期乃入。明不当先期也。汉陈太丘[⑭]与友期行日中[⑮]，过中不至。太丘舍去。去后乃至。元方[⑯]时七岁，戏门外。客问元方："尊君[⑰]在否?"答曰："待君久不至，已去。"友人便怒曰："非人哉，与人期行，相委而去[⑱]。"元方曰："君与家君期，日中不至，则是失信。"友人惭。明不可后期也。唐肖至忠[⑲]少与友期诸路。会雨雪。人引避[⑳]。至忠曰："岂有与人期，可以失信?"友至，乃去。众叹服。待人不愆期也。吴卓恕[㉑]为人笃信，言不宿诺，与人期约，虽暴风疾雨冰雪无不至。尝从建业[㉒]还家，辞诸葛恪。恪问何时当复来。恕对曰："某日当复亲觐。"至是日，恪欲为主人，停不饮食，以须恕至。时宾客会者，皆以为会稽、建业相去千里，道阻江湖，风波难必，岂得如期。恕至，一座皆惊。见待于人而不愆期也。

夫人与人之关系，所以能预计将来，而一一不失其秩序者，恃有约言。约而不践，则秩序为之紊乱，而猜疑之心滋矣。愆期之失，虽若轻于食言，然足以耗光阴而丧信用，亦不可不亟[㉓]戒之。

【课文注释】

①选自《中国人的修养》（台海出版社 2016 年版）。蔡元培（1868—1940），著名教育家、革命家、政治家，曾任北京大学校长。

②愆（qiān）期：失约，误期。

③晋文公伐原："晋文公伐原"出自《韩非子·外储说左上》，说的是晋文公起兵讨伐原国，跟身边的谋士约定七天攻下原，但是七天没有攻克原国，晋文公便命令班师回朝。有个谋士说："原国就要被攻克了，请士兵们再等些时日。"晋文公说："诚信，是立国之宝。因攻下原国而失去了诚信，我不愿为之。"然后就班师回朝了。第二年晋文公又出兵讨伐原国，还与身边的谋士讲这次一定能攻下原国，然后返回。原国人听说了这件事，就投降了。卫国人听到这件事，认为晋文公讲诚信，也归顺了晋文公。

④谍：谋士。

⑤戒：约。

⑥旰（gàn）：晚上，天色晚。

⑦鸿：大雁。

⑧囿（yòu）：中国古代畜养禽兽供帝王玩乐的园林。

⑨践：实行，兑现。

⑩先期：提前日期。

⑪汉郭假行部：汉代的郭伋（jí）做并州牧时到部属地巡视。郭假，即郭伋。

⑫西河美稷：西河郡美稷县（在今天的内蒙古准格尔旗之北）。

⑬讫（qì）：（事情）完结、停止、终止。

⑭陈太丘：字仲弓，东汉颍川（今河南许昌）人，做过太丘县县令。

⑮期行日中：约定的时间是中午。日中，正午时分，中午。

⑯元方：陈纪，字元方，陈太丘的长子。

⑰尊君：你的父亲。

⑱相委而去：丢下我离开了。委，丢下，舍弃。

⑲肖至忠：即萧至忠（？—713），南兰陵（今江苏省常州市武进区）人，是唐中宗、唐睿宗时期的著名大臣，官至宰相。

⑳人引避：路人都到其他地方避雨雪。引避，让路，躲避。

㉑吴卓恕：三国时期吴国人。

㉒建业：指三国时期的南京。

㉓亟（jí）：急切，紧迫。

【解析要点】

诺言是不能轻易说出口的，所谓君子一言，驷马难追，慎重的人，当知诺不轻许，一旦食言，个人信用会大打折扣，更会遭人不耻。大人之间要讲诚信，大人和孩子也要讲诚信，在决定一件事之前，一定要充分考虑现实状况，一件事情双方一旦商定了日期，就不要再更改了，提前和推迟都是要不得的。

【思考题】

1. 文中的“食言”和“愆期”两类失信行为分别包含哪几小类？
2. 文中举了哪些例子来论述“愆期”，有什么表达效果？
3. 请结合自己的实际生活，谈谈你对“先期”和“后期”这两种行为的理解。

宽容（序言）

（美）房龙

【课文导读】

《宽容》是房龙所著的历史科普读物，从古希腊时期起，以“苏格拉底之死”事件开篇，讲述了人类在历史发展过程中对追求自由思想和行动的宽容和不宽容。可以当作一部人类文明进化史来读。

本文是《宽容》的序言部分，是一篇叙事散文诗，语言优美，叙事性强，通过“老人”“先驱者”等意象，写出了在历史发展中存在的无知、偏执和暴虐，写出了勇敢的“先驱者”们经流血牺牲终于换来了大众的觉醒。

读的时候要注意体味作者优美的语言，要注意把握“老人”“先驱者”等意象的特征。

【原文】

人们幸福地生活在安宁无知的山谷中。

永恒的山脉向四周绵延。

知识的小溪缓缓地流过破烂不堪的山间溪谷。

它从昔日的山脉中流出来。

它消失于未来的沼泽之中。

傍晚来临，村民们让牲口饮饱水，灌满水桶，满足地坐下来尽情享受一天中最悠闲的时光。

整天坐在阴凉的角落中，对着一本内容神秘的古书沉思不解的老人们此时也被搀扶出来。在人们的眼中他们是无所不知的。

但是这些内容来自一千年前一个不知名的民族所写的书中，因而也是神圣的。

在无知山谷中，凡是古老的东西都受到尊敬。那些胆敢否认祖先智慧的人必会受到所有正派人的冷落。

生活在山谷中的人们就这样来维持他们的秩序。

岁月在年复一年中流逝。

人们依然幸福地生活在安宁的无知山谷中。

在一个漆黑的夜晚，一个人艰难地移动着。

他手上的指甲已经磨破了。

他的双脚缠着破布，由于长途跋涉而浸透了鲜血。

他艰难地来到最近的一间小屋前，费力地敲敲门。

然后就昏倒了。借着微弱的烛光，他被抬进了小屋。

早晨，“他回来了”的消息就在村子里传开了。

邻居们围拢着他，摇头叹息。他们早就明白有这样的结局。

对于敢于走出山脚的人，等待他们的只有失败和屈服。

在村中的一角，老人们摇着头，嘴里吐出一些恶狠狠的话。

这个人严重地违背了老人们的期望。

老人们将漫游者抬到市场，人们围拢在一起，心中充满了敬畏，不敢言语。

由于饥渴，他还很虚弱，老人们命令他坐下。

他拒绝了。

他们命令他闭嘴。

但是他偏要说话。

他别过脸不去理会老人们，眼睛搜寻着不久前还是他的同志的人们。

“听我说，”他恳求道，“听我说，你们会感到振奋的。我刚从山外回来，我的双脚踏上了一片新的土地，我的双手接触了其他的民族，我的双眼饱览了神奇的景致。”

“在山外的那些山中有牧场和同样肥沃的牧草，生活着与我们一样有血有肉的男女，那些城市拥有人们经过千年劳动创造的辉煌的历史。”

“我找到了通往更加美好的家园之路，我已经看到了充满希望的幸福生活。跟我走吧，我带领你们去那幸福的地方。上帝的微笑不只是在这里，他的微笑无处不在。”

当他停下来时，突然爆发了恐怖的怒吼声。

“亵渎！”老人们怒吼着，“亵渎，这是对神圣的亵渎！给他的罪以应有的惩罚吧！他已丧失理智，他竟敢蔑视一千年前写下的律法，他罪该万死！”

人们举起沉重的石头向他砸去。

人们杀死了他。

人们将漫游者的尸体扔到了山崖脚下，以警示所有胆敢怀疑祖先智慧的人们。

过了不久，山谷遭遇了一场特大干旱。

村子里一片荒芜的景象。

大部分村民都在这场可怕的天灾所导致的饥荒中死去。

幸存者把唯一的希望寄托于山外的世界。

但是律法上却写道："不行。"

并且律法必须要遵守。

一天夜里，爆发了一场叛乱。

绝望鼓起了那些曾因恐惧而一直不敢反抗的人们的勇气。

老人们无力地反对着。

他们被推到了一旁，他们因此抱怨他们的命运，悲叹孩子们的忘恩负义。但是当最后一辆马车离开村子时，他们却拦住了车夫，并强行让他将他们一起带走。

向一个未知的地方进发的旅程开始了。

这时距离探索者返回山谷，已经过去了许多年。再要找到他曾经做过标记的道路已经很困难了。

在艰难地找到第一个石堆路标之前，已经有数以千计的人死于饥渴。

此后的旅程顺利了许多。

细心的先驱者在丛林乱石中用火烧出了一条清晰的道路。

人们踏着先驱者的足迹从容地来到了处处都是绿色牧场的新世界。

人们默默地相视着。

"最终他是对的，"人们说道，"他是对的，老人们错了……"

"他讲的是真话，而老人们撒了谎。"

"对于所发生的事情，我们深感内疚，但是，如果那时我们就明白的话，也就不会……"

接着，人们解下牛马的套具，将牛羊赶进牧场，为自己建造房屋，平整土地，从此人们又过上了幸福的生活。

几年之后，人们想将勇敢的先驱者安葬在一座新建的漂亮的大厦里，那是为智慧老人而建的。

于是，一支隆重而肃穆的队伍回到了早已荒无人烟的山谷，寻找先驱者的尸骨。当人们来到先驱者尸骨曾经所在的山脚下时，什么也没有发现。

饥饿的狼群早已把尸骨拖入它们的洞穴。

为了纪念逝去的先驱者，人们在他开辟的道路的尽头立起了一块石碑，上面刻着敢于向黑暗恐怖的统治挑战的先驱者的名字，是他将人们带向了新的自由世界。

石碑上写着：这是由心怀感恩之情的后代们建立的。

这样的事情发生于过去，也发生于现在，但愿不再发生于未来。

【解析要点】

社会发展是日新月异的，不是一成不变的。面对社会现实状况，我们要学会用马克思列宁主义的唯物辩证观去看待问题，具体问题具体分析。对真理的追求不可放弃，更不能为了个人利益而置集体利益于不顾。改革会有阵痛，甚至会有流血牺牲，关键时刻，当个人利益和集体利益发生冲突时，要牺牲个人利益，服从集体利益。

【思考题】

1. 作者为什么说人们生活在安宁无知的山谷中是幸福的？

2. 文中的“老人”和“先驱者”这两个意象具有什么特点？分别代表了哪类人？

3. 请根据你对中国历史的了解，谈谈你对历史发展过程中的改革和牺牲的认识。

自读课

不苟（节选）[1]

〔战国〕荀子

【课文导读】

《荀子》由战国末期思想家荀况及其弟子所著。荀子是先秦时期儒家思想的重要代表人物，是一位具有朴素唯物主义的思想家。荀子主张“性恶论”，认为“人之性恶”，强调后天的环境与教育可以改变人们原始的恶的本性。那么人性之恶应该如何改变呢？

《不苟》是一篇说理散文，本文层次清晰，论证严谨，表达了“诚”是君子修身养性的最好方式，也是治国之本，是改变人性之恶的重要方式。有学问有修养的君子，应当以礼治国，以诚养心，以慎独的美德吸引有相同美德的人。“不苟”二字，有不随便、不马虎之意。

【原文】

君子养心莫善于诚[2]，致诚则无它事矣，唯仁之为守，唯义之为行。诚心守仁则形，形则神，神则能化矣；诚心行义则理[3]，理则明，明则能变矣。变化代兴[4]，谓之天德[5]。天不言而人推高焉，地不言而人推厚焉，四时不言而百姓期焉[6]。夫此有常，以至其诚者也。君子至德，嘿然而喻[7]，未施[8]而亲，不怒而威。夫此顺命，以慎其独者也。善之为道者，不诚则不独，不独则不形[9]，不形则虽作于心、见于色、出于言，民犹若未从也[10]，虽从必疑。天地为大矣，不诚则不能化万物；圣人为知[11]矣，不诚则不能化万民；父子为亲矣，不诚则疏；君上为尊矣，不诚则卑。夫诚者，君子之所守也，而政事之本也。唯所居，以其类至[12]；操之[13]，则得之[14]；舍之，则失之。操而得之，则轻[15]；轻，则独行[16]；独行而不舍，则济[17]矣。济而材尽，长迁而不反其初，则化矣[18]。

【课文注释】

①选自《荀子·不苟篇》。

②君子养心莫善于诚：有学问有修养的人保养身心没有比真诚更好的了。君子，有学问有修养的人。诚，真诚，诚信，诚实。

③诚心行义则理：真诚地奉行道义，（人）就会变得理性。义，道义，仁义。理，理性，理智。

④代兴：更迭兴起。

⑤天德：合乎自然规律的行为、德行。

⑥四时不言而百姓期焉：四季不会说话但是百姓却知道四季变换的时期。而，但是，表转折的连词。期，指春、夏、秋、冬四季的具体变化时期。焉，句末语气词，可不译。

⑦嘿然而喻：虽然沉默不言人们却能明白（君子的高尚品德）。嘿然，沉默的样子；嘿，同“默”。

⑧施：给予恩惠。

⑨不诚则不独，不独则不形：（如果）不真诚就不能慎独，（如果）不慎独（道义）就不能在日常行为中表现出来。独，慎独。形，显现出来。

⑩民犹若未从也：百姓犹豫不决，不会顺从。犹若，犹豫不决的样子；若，然。

⑪知：同“智”，智慧、明智。

⑫唯所居，以其类至：只有立足于真诚，相同的人们才会聚集过来。

⑬之：代词，代指真诚。

⑭之：代词，代指同样拥有真诚的人。

⑮操而得之，则轻：保持真诚而遇到了同样拥有真诚的人，那么感化他们就容易。

⑯独行：慎独的风气流行。

⑰济：完成，形成。

⑱济而材尽，长迁而不反其初，则化矣：人们形成了真诚的风气，他们的才智就会毫无保留地发挥出来，长久地使人们趋向真诚而不恢复到最初的恶的本质，那么百姓就被成功感化了。

【解析要点】

君子是有学问有修养的人，人品贵在诚，君主取信于民贵在诚。人与人之间要以诚相待，个人独处的时候也要以君子的标准要求自己，正所谓人要慎独。荀子认为人的本性是恶的，但是人性之恶是可以改变的，君主要想使百姓得到教化，必须自己拥有“诚”的态度，百姓才能服从，才能被教化。

【思考题】

1.“慎独”在现代汉语中是什么意思？文中哪些内容论述了“慎独”的重要性？

2.《三字经》开篇讲“人之初，性本善”，荀子主张“性恶论”，认为“人之性恶”，请谈谈你对这两种观点的理解。

3. 请口头阐述你在现实生活中遇到的不诚行为，谈谈你对这类行为的感受。(2～3 分钟)

三顾茅庐（节选）[①]

〔明〕罗贯中

【课文导读】

《三国演义》是长篇章回体历史小说，是中国古典文学经典之作之一。《三国演义》取材于东汉末年魏、蜀、吴三国的历史，描写了从东汉末年到西晋初年近百年的战争史。

本文节选自《三国演义》第三十八回。“三顾茅庐”是大家比较熟悉的历史典故。课文虽然是节选，但主要人物的性格特点在文中已经有了鲜明的体现。诸葛亮的神机妙算、刘备的谦虚真诚、张飞的直爽豪放，都给读者留下了深刻的印象。

本文通过多种人物描写手法，尤其是语言描写和动作描写，使一个个历史人物形象跃然纸上。欣赏这一艺术特点时要仔细揣摩。

【原文】

却说玄德访孔明两次不遇，欲再往访之。关公曰：“兄长两次亲往拜谒，其礼太过矣。想诸葛亮有虚名而无实学，故避而不敢见。兄何惑于斯人之甚也！”玄德曰：“不然。昔齐桓公欲见东郭野人，五反而方得一面[②]。况吾欲见大贤耶？”张飞曰：“哥哥差矣。量此村夫，何足为大贤！今番不须哥哥去，他如不来，我只用一条麻绳缚将来!”玄德叱曰:“汝岂不闻周文王谒姜子牙之事乎?文王且如此敬贤,汝何太无礼!今番汝休去,我自与云长去。”飞曰:“既两位哥哥都去,小弟如何落后!”玄德曰:“汝若同往,不可失礼。”飞应诺。

于是三人乘马引从者往隆中。离草庐半里之外,玄德便下马步行,正遇诸葛均。玄德忙施礼,问曰:“令兄在庄否?”均曰:“昨暮方归,将军今日可与相见。”言罢,飘然自去。玄德曰:“今番侥幸得见先生矣!”张飞曰:“此人无礼!便引我等到庄也不妨,何故竟自去了!”玄德曰:“彼各有事,岂可相强。”三人来到庄前叩门,童子开门出问。玄德曰:“有劳仙童转报:刘备专来拜见先生。”童子曰:“今日先生虽在家,但今在草堂上昼寝未醒。”玄德曰:“既如此,且休通报。”分付关、张二人,只在门首等着。玄德徐步而入,见先生仰卧于草堂几席之上,玄德拱立阶下。半晌,先生未醒。关、张在外立久,不见动静,入见玄德犹然侍立。张飞大怒,谓云长曰:“这先生如何傲慢!见我哥哥侍立阶下,他竟高卧,推睡不起!等我去屋后放一把火,看他起不起!”云长再三劝住。玄德仍命二人出门外等候。望堂上时,见先生翻身将起,忽又朝里壁睡着。童子欲报,玄德曰:“且勿惊动。”又立了一个时辰,孔明才醒,口吟诗曰:

大梦谁先觉?平生我自知。草堂春睡足,窗外日迟迟。

孔明吟罢,翻身问童子曰:“有俗客来否?”童子曰:“刘皇叔在此,立候多时。”孔明乃起身曰:“何不早报!尚容更衣。”遂转入后堂。又半晌,方整衣冠出迎。玄德见孔明身长八尺,面如冠玉,头戴纶巾③,身披鹤氅④,飘飘然有神仙之概,玄德下拜曰:“汉室末胄、涿郡愚夫,久闻先生大名,如雷贯耳。昨两次晋谒,不得一见,已书贱名于文几,未审得入览否?”孔明曰:“南阳野人,疏懒性成,屡蒙将军枉临,不胜愧赧。”二人叙礼毕,分宾主而坐,童子献茶。茶罢,孔明曰:“昨观书意,足见将军忧民忧国之心,但恨亮年幼才疏,有误下问。”玄德曰:“司马德操之言,徐元直之语,岂虚谈哉?望先生不弃鄙贱,曲赐教诲。”孔明曰:“德操、元直,世之高士。亮乃一耕夫耳,安敢谈天下事?二公谬举矣。将军奈何舍美玉而求顽石乎?”玄德曰:“大丈夫抱经世奇才,岂可空老于林泉之下?愿先生以天下苍生为念,开备愚鲁而赐教。”孔明笑曰:“愿闻将军之志。”玄德屏人促席而告曰:“汉室倾颓,奸臣窃命,备不量力,欲伸大义于天下,而智术浅短,迄无所就⑤。惟先生开其愚而拯其厄,实为万幸!”孔明曰:“自董卓造逆以来,天下豪杰并起。曹操势不及袁绍,而竟能克绍者,非惟天时,抑亦人谋也。今操已拥百万之众,挟天子以令诸侯,此诚不可与争锋。孙权据有江东,已历三世,国险而民附,此可用为援而不可图也。荆州北据汉、沔[6]，利尽南海，东连吴会，西通巴、蜀，此用武之地，非其主不能守：是殆天所以资将军，将军岂有意乎？益州险塞，沃野千里，天府之国，高祖因之以成帝业；今刘璋暗弱，民殷国富，而不知存恤，智能之士，思得明君。将军既帝室之胄，信义著于四海，总揽英雄，思贤如渴，若跨有荆、益，保其岩阻，西和诸戎，南抚彝、越，外结孙权，内修政理；待天下有变，则命一上将将荆州之兵以向宛、洛，将军身率益州之众以出秦川，百姓有不箪食壶浆以迎将军者乎？诚如是，则大业可成，汉室可兴矣。此亮所以为将军谋者也。惟将军图之。"言罢，命童子取出画一轴，挂于中堂，指谓玄德曰："此西川五十四州之图也。将军欲成霸业，北让曹操占天时，南让孙权占地利，将军可占人和。先取荆州为家，后即取西川建基业，以成鼎足之势，然后可图中原也。"玄德闻言，避席拱手谢曰："先生之言，顿开茅塞，使备如拨云雾而睹青天。但荆州刘表、益州刘璋，皆汉室宗亲，备安忍夺之？"孔明曰："亮夜观天象，刘表不久人世，刘璋非立业之主。久后必归将军。"玄德闻言，顿首拜谢。只这一席话，乃孔明未出茅庐，已知三分天下，真万古之人不及也！后人有诗赞曰：

"豫州"当日叹孤穷，何幸南阳有卧龙！欲识他年分鼎处，先生笑指画图中。

玄德拜请孔明曰："备虽名微德薄，愿先生不弃鄙贱，出山相助。备当拱听明海。"孔明曰："亮久乐耕锄，懒于应世，不能奉命。"玄德泣曰："先生不出，如苍生何！"言毕，泪沾袍袖，衣襟尽湿。孔明见其意甚诚，乃曰："将军既不相弃，照效犬马之劳。"玄德大喜，遂命关、张人，拜献金帛礼物，孔明固静不受。玄德曰："此非聘大贤之礼，但表刘备寸心耳。"孔明方受。于是玄德等在庄中共宿一宵。次日，诸葛均回，孔明嘱付曰："吾受刘皇叔三顾之恩，不容不出。汝可躬耕于此，勿得荒芜田亩。待我功成之日，即当归隐。"后人有诗叹曰：

身未升腾思退步，功成应忆去时言。只因先主丁宁[7]后，星落秋风五丈原。

又有古风一篇曰：

高皇手提三尺雪，芒砀白蛇夜流血；平秦灭楚入咸阳，二百年前几断绝。大哉光武兴洛阳，传至桓灵又崩裂；献帝迁都幸许昌，纷纷四海生豪杰：曹操专权得天时，江东孙氏开鸿业；孤穷玄德走天下，独居新野愁民厄。南阳卧龙有大志，腹内雄兵分正奇；只因徐庶临行语，茅庐三顾心相知。先生尔时年三九，收拾琴书离陇亩；先取荆州后取川，大展经纶补天手；纵横舌上鼓风雷，谈笑胸中换星斗；龙骧虎视安乾坤，万古千秋名不朽！

玄德等三人别了诸葛均，与孔明同归新野。玄德待孔明如师，食则同桌，寝则同榻，终日共论天下之事。

【课文注释】

①选自《三国演义》第三十八回（人民文学出版社 2019 年版）。罗贯中（约 1330—1400），名本，字贯中，号湖海散人，元末明初小说家。课文题目是编者所加。

②昔齐桓公欲见东郭野人，五反而方得一面：春秋时齐桓公亲自去看一个小臣，三次都没见着，旁人劝他不要去了，他不听，第五次去才终于得见。这里说的东郭野人就是指原来故事里的“小臣”。

③纶（guān）巾：用丝带制成的一种冠巾，后来又名“诸葛巾”。

④身披鹤氅（chǎng）：用鸟类的羽毛缝制成的外衣，一般指外套大衣。

⑤迄无所就：如今为止还没什么成就。

⑥沔（miǎn）：这里指沔水，即汉水流域的上游，在陕西，古代也指整个汉水。

⑦丁宁：反复地嘱咐，也作“叮咛”。

【解析要点】

“欲成大事贵在意诚”，不打无准备之仗。“三顾茅庐”是中国家喻户晓的典故。刘关张三兄弟在请诸葛亮出山相助之前，做了充分的准备，在三次诚邀诸葛亮的过程中，刘关张三兄弟，特别是刘备态度诚恳，诚意满满，最终打动了诸葛亮出山相助。天下兴亡，匹夫有责，生逢乱世，《三国演义》中所塑造的诸葛亮出山后为了匡扶汉室鞠躬尽瘁、死而后已的伟岸人格被传诵至今。

【思考题】

1. 作者是如何运用多种手法刻画诸葛亮这一人物形象的？

2. 请结合诸葛亮的生平，谈谈你对“身未升腾思退步，功成应忆去时言。只因先主丁宁后，星落秋风五丈原”这首诗的理解。

3. 关羽被作者及后世人尊称“关公”，请问“公”字在人物称谓中的适用范围是哪些？

综合实践课

理不辩不明，事不论不清。辩论会是一种通过辩论的形式对某一问题展开辩论的集体活动。对于在校大学生来说，在辩论的前期准备、现场辩论和总结反思的过程中，可以培养自己的思辨能力和小组成员之间的相互协调能力。请以“诚信为本”为主题，组织一次班级辩论活动。

1. 活动名称：“诚信为本”主题辩论活动。

2. 目的任务：通过“诚信为本”主题辩论活动的开展，培养学生辩证地看待问题的能力，帮助大学生树立诚信品质，培养大学生诚信品格。

3. 活动程序：制定辩论活动方案—按正反方分组—个人查找资料—现场比赛—活动 PPT 汇报。

4. 活动成果：比赛视频及活动报告。

5. 评价方案：各班级自行设计评价标准和评价表，根据辩论活动的前期准备工作情况、辩论现场情况、总结反思情况等对辩手和小组进行综合评价。

6. 活动建议：

（1）以“诚信为本”为主题，具体辩题可以自定。例如：正方辩题：诚信比知识重要；反方辩题：知识比诚信重要。

（2）注意小组成员间的分工协作。

（3）正反方每个同学都要按照一辩、二辩、三辩、四辩的标准查找资料，抽签上场，做到全班参与。

（4）活动报告不少于 3000 字。

研究探索课

1. 选题指导

本专题中，选讲了文天祥的《扬子江》。文天祥被囚禁期间，面对敌方百般劝降，甚至以要职相许，文天祥不为所动，慷慨赴死。有人说做人要认清现实，“识时务者为俊杰”，也有人说做人要诚实守信，认定了一件事就要做下去，“虽九死其犹未悔”。这两种说法矛盾吗？

请选择你感兴趣的研究对象，采访一下他们对上述两种观点的看法，并结合你自己的理解进行拓展，走访个人，探索诚信在人与人之间，人与集体之间存在的意义及价值。

2. 研究方法与材料收集

以马克思主义唯物辩证法为基础，结合访谈法、归纳法等方法进行研究。

3. 成果展示

以小论文形式展示，论文字数不少于 1500 字。

专题四　正心明是非

【专题导读】

本专题的主题是“正心”。所谓正心，是指心念端正，不存私邪，不偏不倚，从而将心从外物与私欲中解脱出来，简单而纯粹，洒脱而无羁绊，达到身心一体的境界。

“立德之本，莫尚乎正心。”（《傅子·正心》）人格的养成要从正心开始。新时代大学生当以心为起点，从思想上筑起防线。正心正念，是自身修身、涵养品德、塑造人格的关键。“正心”是中华优秀传统文化的精髓，是具有中国主体意识的人格养成的学问，是增强中国人文化自信的源头活水。

本专题以“正心”为主题，共选取六篇课文，其中讲读课文四篇，自读课文两篇。《大学·正心章》是对正心的解读，修身先正心，“心”是身体的灵魂，是一切行为的主宰，克服自身的情绪困扰，才能心正，才能行端。《论四端》中的“四端”，是指人的四种本心，即恻隐之心、羞恶之心、辞让之心、是非之心。四端是人天生具有的本心，需要经过后天的教养来发扬，进而发展为仁、义、礼、智四种德行。在孟子的观点里，每个人天生都是善良的，因此四端也是人的本性，是人之本性的自然显现。这四种本心也是人区别于动物的地方，人可以通过后天的道德修养来发扬本性中的四端，做到仁、义、礼、智。

但人非圣贤，在认识事物、认识世界的过程中，难免会被某些障碍遮蔽或困扰，《荀子·解蔽》就是解释了人怎样用心知道，说明了心与道德关系，教人用心认识道、实践道，让心做到“虚壹而静”，就可以达到“大清明”的境界。丰子恺《学会艺术的生活》一文指出，所谓艺术的生活，就是把创作艺术、鉴赏艺术的态度应用到生活中，珍视“童心”，保持赤子之心，从而得到人生的最高愉悦。

本专题讲读课文主要侧重对心的认识，以及如何正心，如何提高心得境界，提高对自身的认知，从而做到正心修身。自读课文则是侧重端正人生态度，《苏轼词二首》从不同角度阐释了旷达自适的人生态度和理想。美学家朱光潜的《谈动》贴近青年人的生活，对青年人当下的人生困惑给出了答案，“谈谈笑笑，跑跑跳跳”，让青春的生命动起来。

【学习目标】

1. 思政目标

（1）品味诗文中作者对“心”的阐述，形成正确的认知观、价值观，做到正心正念正己。

（2）从心而论，培养学生的良知之心、是非之心、公德之心、天地之心，从而修身。

2. 知识目标

（1）掌握所选诗文基本的字词句法，为准确把握诗文奠定基础。

（2）反复诵读，结合诗文背景、作者生平等，联系实际生活，探究诗文意境，把握诗文的主题。

3. 能力目标

（1）学习诗文遣词造句的方法，并能运用到日常生活与写作中。培养学生表达观点、表达情感的能力。

（2）运用知人论世的理论，结合诗文创作背景，培养诗文鉴赏能力与审美洞察力。

讲读课

大学·正心章

【课文导读】

正心是继诚意之后，自身修养的更高一层。诚意是意念真诚，但诚意很容易被喜怒哀乐惧等各种情绪支配和困扰，从而导致心不能正。“心”是身体的灵魂，是一切行为的主宰，只有心正，才能行端。所谓正心就是要学会端正自己的内心，驾驭自己的情感，无论世事变化，都能保持平和的心态，以此来修养品性，提高自身的人格力量。

【原文】

所谓修身在正其心者，身[①]有所忿懥[②]，则不得其正；有所恐惧，则不得其正；有所好乐[③]，则不得其正；有所忧患[④]，则不得其正。心不在焉，视而不见，听而不闻，食而不知其味。此谓修身在正其心。

【课文注释】

①身：程颐认为“身”当作“心”。
②忿懥（zhì）：愤怒。
③好乐：乐，音要。喜好娱乐、逸乐。
④忧患：《大学直指》：“忿懥、恐惧、好乐、忧患，即贪瞋痴等，根随烦恼也。”

【解析要点】

本章对“八条目”中的“正心”进行释义，阐释正心与修身的关系，认为心对于身体而言，应当时刻发挥主宰的功能。主要讲了两层意思：第一层，心若被情欲所左右，就不可能端正。心，从生理学来说，它承担着全身血液循环的任务，一动一静攸关人的生死。从心理学来说，古人认为它是思维的器官，如孟子所说：“心之官则思”（《孟子·告子上》）。本章所谓正心，是就其思维功能而言，认为心是思想、行为的总枢纽，人的一切思想、言论、行动，都经过心的思维而决定。朱熹说：“心者，人之神明，所以具众理，而应万事者也。”（《孟子集注·尽心》）既然心为人之神明，又怎么会不得其正呢？就是因为受到情绪的影响。当然，喜、怒、忧、思、悲、恐、惊都是人之常情，但是，一旦我们不能自察、自控，任其左右自己的行动，便会使心失去端正。正心不是要完全摒弃人的情欲，更不是绝对禁欲，而是要对情与理进行调节，让理智来克制、驾驭情欲，使心思不被情欲所左右，以保持中正平和的心态，集中精神修养品性。

第二层，心若不在其所，则五官必失其效用。古人认为，既然心为人之神明，它就应当时刻发挥主宰的功能。所谓“心不在焉”，指的就是心不在其所，也就是我们平常所说的不专心。如果心思不专注，就像心不在自己身上一样，虽然在看，却好像没有看见；虽然在听，却好像没有听见；虽然在吃东西，却一点也不知道是什么滋味。在这种状态下，修身只能是一句空话。正心，就是要时刻检点自己，去除各种杂念，防止心失其守，驰骋于外的现象发生，使心居于主宰的地位，使精神专注于身心的修养。总而言之，只有正心，才能修身；心若不正，身亦不可得而修。不但修身是如此，做任何事情，都需要专心致志的精神。心不在焉，必将一事无成。

【思考题】

1. 通过文中所述，请你谈谈是什么影响了心。我们又该如何修正自己的心？
2. 结合实际生活，谈谈正心对我们有哪些益处。

论四端

孟子

【课文导读】

本文选自《孟子·公孙丑上》（第六章），题目为编者所加。

孟子（约前372年—前289年），姬姓，孟氏，名轲，字号子舆，战国时期邹国（今山东济宁邹城）人。战国时期著名哲学家、思想家、政治家、教育家，儒家学派的代表人物之一，地位仅次于孔子，与孔子并称“孔孟”。宣扬“仁政”，最早提出“民贵君轻”的思想。韩愈《原道》将孟子列为先秦儒家继承孔子“道统”的人物，元朝追封孟子为“亚圣公·树宸”，尊称为“亚圣”，《孟子》一书，属语录体散文集，是孟子的言论汇编，由孟子及其弟子共同编写完成，倡导“以仁为本”。

四端是指儒家认为人应有的四种本心，即恻隐之心、羞恶之心、辞让之心、是非之心。“四端”就是人的本心，是良知，是道德之心，是人先天就有的道德能力，是人内在的价值体系，也是人之为人的良知与底线。只要不断地扩充本心，自觉实践，就能实现道德修养的目标。

【原文】

孟子曰：人皆有不忍人之心。先王有不忍人之心，斯有不忍人之政矣。以不忍人之心，行不忍人之政，治天下可运之掌上。所以谓人皆有不忍人之心者：今人乍①见孺子将入于井，皆有怵惕恻隐②之心；非所以内交③于孺子之父母也，非所以要④誉于乡党朋友也，非恶其声⑤而然也。

由是观之，无恻隐之心，非人也；无羞恶之心，非人也；无辞让之心，非人也；无是非之心，非人也。恻隐之心，仁之端⑥也；羞恶之心，义之端也；辞让之心，礼之端也；是非之心，智之端也。

人之有是四端也，犹其有四体也。有是四端而自谓不能者，自贼者也；谓其君不能者，贼其君者也。凡有四端于我者，知皆扩而充之矣。若火之始然⑦，泉之始达。苟能充之，足以保⑧四海；苟不充之，不足以事父母。

【课文注释】

①乍：忽然。

②怵惕（chù tì）恻隐：怵惕，惊惧；恻隐，哀痛。

③内交：内，同“纳”；内交，即结交。

④要：音 yāo，求。

⑤非恶其声：赵岐《注》：“非恶有不仁之声名。”

⑥端：发端，开始。

⑦然：“燃”的本字。

⑧保：定。

【解析要点】

四端说是孟子思想的一个重要内容，也是孟子对先秦儒学理论的一个重要贡献。可以说，四端说的提出，才真正标志着孟子思想的成熟。孟子以此四端作为“性善论”的基础，四端是人类向善的本能。他所谓“人皆有不忍之心”，以及所举的“孺子将入于井”的例子，都是为了表明“善”是人性中天然存在的东西。

孟子认为恻隐、羞恶、辞让、是非四种情感是仁、义、礼、智的萌芽，仁、义、礼、智即来自这四种情感，故称四端。可以说四端是明确了仁、义、礼、智的衡量标准。这四端是天生具有本心，需要经过后天的道德修养来发扬，从而发展为仁、义、礼、智四种德行。孟子的四端说是孟子“性善论”的基础。他认为每个人天生都是善良，四端也是人的本性，是人之本性的自然显现。孟子对于人性持乐观态度，他对世界变得更加和谐美好的期盼和愿景在孟子的言论中可以体现出来。

【思考题】

1. 谈谈你对性善论的理解。

2. 通过本文的学习，你认为怎样才能创造出良好的生存空间以及良好的生存环境，以使自己和别人都能获得幸福和快乐？

荀子·解蔽（节选）

〔战国〕荀子

【课文导读】

本文节选自《荀子·解蔽》，此篇是荀子阐述认识论思想的重要文章。蔽，蒙蔽；解蔽，即克服蒙蔽，全面认识事物。荀子认为要成就人为的努力，成就善的德行，在于人能够运用自己的心。而心是天官的主宰，所以荀子是要教人用心来认识道、实践道。这就要先解除人心的毛病，即所谓“解蔽”。

《解蔽篇》就是解释人怎样用心，说明心和道的关系。荀子说心，也说“虚壹而静”，不只成就虚静，而且能够建立保持各类秩序，建立社会各类文化，成为一个有文化条理的心。荀子的心，注重由人心的毛病引出养心的理论，注重自己澄清的工夫，从而知道和守道。他强调心的独立自主性，人心不仅是人的身躯（“形”）的统帅（“君”），并且是人的思想、精神的主人。因为心的独自自主性，心能容纳容量的事物易驳杂，心有旁骛一定得不到知识，居心不正则形成的想法不会精当公允，荀子指出，还需要心“择一而壹”，专心致志。

【原文】

凡人之患，蔽于一曲，而暗于大理。

……

圣人知心术之患，见蔽塞之祸，故无欲无恶，无始无终，无近无远，无博无浅，无古无今，兼陈万物而中县衡焉。是故众异不得相蔽以乱其伦也。

何谓衡？曰：道。故心不可以不知道，心不知道，则不可道而可非道。……

……

人何以知道？曰：心。心何以知？曰：虚壹[①]而静。心未尝不臧[②]也，然而有所谓虚；心未尝不满[③]也，然而有所谓一；心未尝不动也，然而有所谓静。人生而有知，知而有志[④]。志也者，臧也，然而有所谓虚，不以所已臧害所将受谓之虚。心生而有知，知而有异，异也者，同时兼知之。同时兼知之，两也，然而有所谓一，不以夫一害此一谓之壹。心，卧则梦，偷[⑤]则自行，使之则谋[⑥]。故心未尝不动也。然而有所谓静，不以梦剧[⑦]乱知谓之静。

未得道而求道者，谓之虚壹而静。作之，则将须道者之虚则人[⑧]，将事道者之壹则尽，尽将思道者静则察。知道察，知道行，体道者也。虚壹而静，谓之大清明。万物莫形而不见，莫见而不论，莫论而失位[⑨]。坐于室而见四海，处于今而论久远，疏[⑩]观万物而知其情，参稽[⑪]治乱而通其度[⑫]，经纬[⑬]天地而材官[⑭]万物，制割[⑮]大理，而宇宙里[⑯]矣。恢恢[⑰]广广[⑱]，孰知其极！睪睪[⑲]广广，孰知其德！涫涫纷纷[⑳]，孰知其形！明参日月，大满八极，夫是之谓大人！夫恶有蔽矣哉！

心者，形之君也，而神明之主也，出令而无所受令。自禁也，自使也，自夺也，自取也，自行也，自止也。故口可劫[㉑]而使墨[㉒]云，形可劫而使诎申[㉓]，心不可劫而使易意，是之则受，非之则辞。故曰：心容[㉔]，其择也无禁，必自见[㉕]，其物也杂博，其情之至也不贰[㉖]。《诗》云：“采采卷耳[㉗]，不盈顷筐[㉘]。嗟我怀人，寘[㉙]彼周行[㉚]。”顷筐易满也，卷耳易得也，然而不可以贰周行。故曰：心枝[㉛]则无知，倾则不精，贰则疑惑。以赞稽[㉜]之，万物可兼知也。身尽其故则美，类不可两也，故知者择一而壹焉。

【课文注释】

①壹：统一。

②臧：通“藏”，贮藏（知识、信息等）。

③满：当为“两”字（杨倞说），同时认识两个事物。

④志：记忆。

⑤偷：松懈。

⑥谋：思考。

⑦剧：繁杂。

⑧人：当作“入”字（王引之说）。

⑨失位：失去位置，即不适宜，有误。

⑩疏：通。

⑪参稽：考察。

⑫度：界限、法度。

⑬经纬：安排。

⑭材官：管理，材通“裁”。

⑮制割：掌握。

⑯里：通“理”，治理。

⑰恢恢：宽广的样子。

⑱广（kuàng）广：同“旷旷”，空旷的样子。

⑲睪（hào）睪：同“皞皞”，广大的样子。

⑳涫（guàn）涫纷纷：水沸腾的样子，活跃纷杂貌。

㉑劫：强制。

㉒墨：同“默”，静默，沉默。

㉓诎申：同“屈伸”。

㉔容：容纳。

㉕见：同“现”。

㉖贰：不专一。

㉗卷耳：一种可食用的植物。

㉘顷筐：一种容器。

㉙寘：同“置”。

㉚周行：大路。

㉛枝：枝蔓分散。

㉜赞稽：帮助考察。

【解析要点】

“凡人之患，蔽于一曲，而暗于大理”，指出认识的片面性是人们认识中的通病。然后指出要解蔽，一方面要“兼陈万物而中县衡焉”，全面把握事物的各个方面，加以衡量分析；另一方面要“虚壹而静”，不因先入为主的成见和主观臆想影响对新事物的认识。他特别强调“心”的作用，强调道的意义，对事物的认识要以“道”为量标准。

治国的关键在于了解和掌握真理（即“道”）。人必须靠心才能认识真理，因为心是人形神的主宰，它能做到虚心、专心、静心、即“虚壹而静”。能做到“虚壹而静”，则能明察秋毫，万物无不毕现于目前，当然也就认识了“道”，达到“大清明”的境界。文中提出“人生而有知”的观点，即人生来就有认识问题的能力。“虚壹而静”的观点在哲学史上影响甚大。

【思考题】

1. 谈谈你对“虚壹而静”的理解。
2. 荀子认为，人怎样才能使心达到“大清明”的状态？
3. 通过本文的学习，你认为“心”在人认识事物的过程中发挥什么作用？

学会艺术的生活

丰子恺

【课文导读】

丰子恺（1898—1975），浙江省嘉兴市桐乡市石门镇人。原名丰润，又名仁、仍，字子觊，后改为子恺，笔名 TK，师从弘一法师（李叔同），以中西融合画法创作漫画以及散文而著名。丰子恺是中国现代画家、散文家、美术教育家、音乐教育家、漫画家、作家、书法家和翻译家，是一位多方面卓有成就的文艺大师。被国际友人誉为“现代中国最像艺术家的艺术家”。丰子恺风格独特的漫画作品影响很大，深受人们的喜爱。代表作品有《子恺漫画》《护生画集》《缘缘堂随笔》《缘缘堂再笔》《随笔二十篇》等。

本文选自《万般滋味，都是生活》。学会艺术地生活，即培养童心，可以让我们在有限的生命中，瞥见“无限”的姿态，可以体验人生的崇高、不朽，而发现生的意义与价值。要想做到艺术地生活，就得永远保有一颗童心。童心，在大人就是一种“趣味”。培养童心，就是涵养趣味。

【原文】

原本我们初生入世的时候，最初并不提防到这世界是如此狭隘而使人窒息的。

我们虽然由儿童变成大人，然而我们这心灵是始终一贯的心灵，即依然是儿时的心灵，只不过经过许久的压抑，所有的怒放的、炽热的感情的萌芽，屡被磨折，不敢再发生罢了。这种感情的根，依旧深深地伏在做大人后的我们的心灵中。这就是“人生的苦闷”根源。

我们谁都怀着这苦闷，我们总想发泄这苦闷，以求一次人生的畅快。艺术的境地，就是我们所开辟的、来发泄这生的苦闷的乐园。我们的身体被束缚于现实，匍匐在地上。然而我们在艺术的生活中，可以暂时放下我们的一切压迫与负担，解除我们平日处世的苦心，而作真的自己的生活，认识自己的奔放的生命。我们可以瞥见“无限”的姿态，可以体验人生的崇高、不朽，而发现生的意义与价值了。艺术教育，就是教人以这艺术的生活的。知识、道德，在人世间固然必要，然倘若缺乏这种艺术的生活，纯粹的知识与道德全是枯燥的法则的纲。这纲愈加繁多，人生愈加狭隘。

所谓艺术的生活，就是把创作艺术、鉴赏艺术的态度来应用在人生中，即教人在日常生活中看出艺术的情味来。倘能因艺术的修养，而得到了梦见这美丽世界的眼睛，我们所见的世界，就处处美丽，我们的生活就处处滋润了。

艺术教育就是教人用像作画、看画一样的态度来对世界；换言之，就是教人学做孩子，就是培养小孩子的这点“童心”，使他们长大以后永不泯灭。童心，在大人就是一种“趣味”。培养童心，就是涵养趣味。大人与孩子，分居两个不同的世界。儿童对于人生自然，另取一种特殊的态度，即对于人生自然的“绝缘”的看法。哲学地考察起来，“绝缘”的正是世界的“真相”，即艺术的世界正是真的世界。人类最初，天生是和平的、爱的。所以小孩子天生有艺术态度的基础。世间教育儿童的人，父母、老师，切不可斥儿童的痴呆，切不可把儿童大人化，宁可保留、培养他们的一点痴呆，直到成人以后。因为这痴呆就是童心。童心，在大人就是一种“趣味”。培养童心，就是涵养趣味。小孩子的生活，全是趣味本位的生活。我所谓培养，就是做父母、做老师的人，应该乘机助长，修正他们的对于事物的看法。要处处离去因袭，不守传统，不照习惯，而培养其全新的、纯洁的“人”的心。对于世间事物，处处要教他用这个全新的纯洁的心来领受，或用这个全新的纯洁的心来批判选择而实行。

认识千古大谜的宇宙与人生的，便是这个心。得到人生的最高愉悦的，便是这个心，赤子之心。

孟子说："大人者，不失其赤子之心者也。"所谓赤子之心，就是孩子的本来的心，这心是从世外带来的，不是经过这世间的造作后的心。明言之，就是要培养孩子的纯洁无疵、天真烂漫的真心，使成人之后，"不为物诱"，能主动地观察世间，矫正世间，不致被动地盲从这世间已成的习惯，而被世间结成的罗网所羁绊。

常人抚育孩子，到了渐渐成长，渐渐脱去其痴呆的童心而成为大人模样的时代，父母往往喜慰，实则这是最可悲哀的现状！因为这是尽行放失其赤子之心，而为现世的奴隶了。

【解析要点】

本文是丰子恺比较有哲理意味的散文。丰子恺的散文在中国现代散文中独具特点，究其缘由在于其艺术创作与对童真的寻求、对佛理与艺术的探求密不可分。其中又以"童心"为最根本的要素。

【思考题】

1. 童年离我们越来越远，成年的我们又该怎样保持童心？谈谈你的想法。
2. 学习本文，对于生活，你受到了哪些启发，请谈谈你的心得体会。

自读课

苏轼词二首

【课文导读】

《定风波·莫听穿林打叶声》为醉归遇雨抒怀之作。词人借雨中潇洒徐行之举动，表现了虽处逆境屡遭挫折而不畏惧不颓丧的倔强性格和旷达胸怀，寄寓着超凡脱俗的人生理想。全词即景生情，语言诙谐，体现出一个正直文人在坎坷人生中力求解脱之道，篇幅虽短，但意境深邃，内蕴丰富，诠释着作者的人生信念，展现着作者的精神追求。

《浣溪沙·细雨斜风作晓寒》题曰"元丰七年十二月二十四日，从泗州刘倩叔游南山"。当年三月，苏轼被贬黄州四年后，被命迁汝州团练副使。四月苏轼离开黄州赴汝州，途中游访，岁暮到泗州，并上书朝廷，请罢汝州职，乞回宜兴修养。时苏轼与泗州刘倩叔同游南山，因作此词记游。全词上阕写早春游山之景，清新明丽；下阕写清茶野餐之风味，充满春天气息。作者于残冬岁暮之中发现物象的新机，洋溢着生命活力。“人间有味是清欢”，这一具有哲理性的命题作为词的结尾，自然浑成，照彻全篇，更加体现出词人的逸怀浩气，寄托着词人清旷闲雅的审美趣味和旷达自适的人生态度。

定风波①·莫听穿林打叶声（并序）

〔宋〕苏　轼

三月七日，沙湖②道中遇雨。雨具先去，同行皆狼狈③，余独不觉。已而④遂晴，故作此词。

莫听穿林打叶声⑤，何妨吟啸⑥且徐行。竹杖芒鞋⑦轻胜马，谁怕？一蓑烟雨任平生。⑧

料峭⑨春风吹酒醒，微冷，山头斜照⑩却相迎。回首向来萧瑟处⑪，归去，也无风雨也无晴⑫。

【课文注释】

①定风波：词牌名。

②沙湖：在今湖北黄冈东南三十里，又名螺丝店。

③狼狈：进退皆难的困顿窘迫之状。

④已而：过了一会儿。

⑤穿林打叶声：指大雨点透过树林打在树叶上的声音。

⑥吟啸：放声吟咏。

⑦芒鞋：草鞋。

⑧一蓑（suō）烟雨任平生：披着蓑衣在风雨里过一辈子也处之泰然。一蓑，蓑衣，用棕制成的雨披。

⑨料峭：微寒的样子。

⑩斜照：偏西的阳光。

⑪向来：方才。萧瑟：风雨吹打树叶声。

⑫也无风雨也无晴：意谓既不怕雨，也不喜晴。

浣溪沙[①]·细雨斜风作晓寒（并序）

〔宋〕苏 轼

元丰七年十二月二十四日，从泗州刘倩叔游南山[②]。

细雨斜风[③]作晓寒，淡烟疏柳媚晴滩[④]。入淮清洛[⑤]渐漫漫[⑥]。

雪沫乳花浮午盏[⑦]，蓼茸[⑧]蒿笋试春盘[⑨]。人间有味是清欢。

【课文注释】

①浣溪沙：唐玄宗时教坊曲名，后用为词牌名。双调四十二字，上阕三句三平韵，下阕三句两平韵。

②刘倩叔：名士彦，泗州人，生平不详。南山：在泗州东南，景色清旷，宋米芾称为淮北第一山。

③细雨斜风：出自唐韦庄《题貂黄岭官军》："斜风细雨江亭上，尽日凭栏忆楚乡。"

④媚：美好。此处是使动用法。滩：十里滩，在南山附近。

⑤洛：即洛涧，源出安徽定远西北，北至怀远入淮河。

⑥漫漫：水势浩大。

⑦"雪沫"句：谓午间喝茶。雪沫乳花，形容煎茶时上浮的白泡。宋人以讲茶泡制成白色为贵，所谓"茶与墨正相反，茶欲白，墨欲黑"（宋赵德麟《侯鲭录》卷四记司马光语）。午盏，指午茶。

⑧蓼（liǎo）茸：蓼菜嫩芽。一作"蓼芽"。

⑨春盘：旧俗，立春时用蔬菜水果、糕饼等装盘馈赠亲友。

【解析要点】

《定风波·莫听穿林打叶声》的首句"莫听穿林打叶声"，一方面渲染出雨骤风狂，另一方面又以"莫听"二字点明外物不足萦怀之意。"何妨吟啸且徐行"，是前一句的延伸。在雨中照常舒徐行步，呼应小序"同行皆狼狈，余独不觉"，又引出下文"谁怕"，即不怕来。徐行而又吟啸，是加倍写；"何妨"二字透出一点俏皮，更增加挑战色彩。首两句是全篇枢纽，以下词情都是由此生发。"竹杖芒鞋轻胜马"，写词人竹杖芒鞋，顶风冲雨，从容前行，以“轻胜马”的自我感受，传达出一种搏击风雨、笑傲人生的轻松、喜悦和豪迈之情。“一蓑烟雨任平生”，此句更进一步，由眼前风雨推及整个人生，有力地强化了作者面对人生的风风雨雨而我行我素、不畏坎坷的超然情怀。上阕表现出旷达超逸的胸襟，充满清旷豪放之气，寄寓着独到的人生感悟，读来使人耳目为之一新，心胸为之舒阔。

下阕由雨中情怀的抒发转入对雨后放晴的描述。过片到“山头斜照却相迎”三句，是写雨过天晴的景象。这几句既与上阕所写风雨对应，又为下文所发人生感慨作铺垫。结尾“回首向来萧瑟处，归去，也无风雨也无晴”，这饱含人生哲理意味的点睛之笔，道出了词人在大自然微妙的一瞬所获得的顿悟和启示：自然界的雨晴既属寻常，毫无差别，社会人生中的政治风云、荣辱得失又何足挂齿？句中“萧瑟”二字，意谓风雨之声，与上阕“穿林打叶声”相应和。“风雨”二字，一语双关，既指野外途中所遇风雨，又暗指几乎置他于死地的政治“风雨”和人生险途。

《浣溪沙·细雨斜风作夜寒》一词，词的上阕写沿途景观。第一句写清晨，风斜雨细，瑟瑟寒侵，这残冬腊月是很难耐的，可是东坡却只以“作晓寒”三字出之，表现了一种不大在乎的态度。第二句写晌午的景物：雨脚渐收，烟云淡荡，河滩疏柳，尽沐晴晖。一个“媚”字，极富动感地传达出作者喜悦的心声。作者从曳于淡云晴日中的疏柳，觉察到萌发中的春潮。于残冬岁暮之中把握住物象的新机，这正是东坡逸怀浩气的表现，是他精神境界上度越恒流之处。“入淮”句寄兴遥深，一结甚远。句中的“清洛”，发源于合肥，北流至怀远合于淮水，地距泗州不近，非目力能及。词中提到清洛，是以虚摹的笔法，眼前的淮水联想到上游的清碧的洛涧，当它汇入浊淮以后，就变得混混沌沌一片浩茫了。

下阕转写作者游览时的清茶野餐及欢快心情。一起两句，作者抓住了两件有特征性的事物来描写：乳白色的香茶一盏和翡翠般的春蔬一盘。两相映托，便有浓郁的节日气氛和诱人的力量。“雪沫乳花”，状煎茶时上浮的白泡。以雪、乳形容茶色之白，既是比喻，又是夸张，形象鲜明。此句可说是对宋人茶道的形象描绘。“蓼茸蒿笋”，即蓼芽与蒿茎，这是立春的应时节物。旧俗立春时馈送亲友以鲜嫩春菜和水果、饼饵等，称“春盘”。此二句绘声绘色、活灵活现地写出了茶叶和鲜菜的鲜美色泽，使读者从中体味到词人品茗尝鲜时的喜悦和畅适。这种将生活形象铸成艺术形象的手法，显示出词人高雅的审美意趣和旷达的人生态度。“人间有味是清欢”，这是一个具有哲理性的命题，用词的结尾，却自然浑成，有照彻全篇之妙趣，为全篇增添了欢乐情调和诗味、理趣。

【思考题】

1. “一蓑烟雨任平生”表达了词人怎样的人生态度？

2. “回首向来萧瑟处，归去，也无风雨也无晴。”词人借此要表达怎样的人生感悟？又体现出词人怎样的性格特征？

3. 就整首词来看，“人间有味是清欢”中的“清欢”表现在哪些方面？并结合实际谈谈你的理解。

谈　动

朱光潜

【课文导读】

本文是朱光潜的《给青年的十二封信》中的一篇，是朱光潜先生以青年们所正在关心或应该关心的事项为话题抒述其意见。统观全文，是在劝青年眼光要深沉，要从根本上做功夫，要顾到自己，勿随了世俗图近利。作者用了这样的态度谈读书，谈作文，谈社会运动，谈爱恋，谈升学选科等。无论在哪一封信上，字里行间，都可看出忠告来。俗话说，闲愁最苦，因此朱光潜对青少年消解闲愁的建议便是：谈谈笑笑，跑跑跳跳。

朱光潜在《谈动》中劝青年朋友们不应被烦恼包围，不应过多担忧未来，而是要把目光放于当下，做好眼前的点滴小事，珍惜眼下的分秒时光，做一些感兴趣的事情，要“动”起来。

【原文】

朋友：

从屡次来信看，你的心境近来似乎很不宁静。烦恼究竟是一种暮气，是一种病态，你还是一个十八九岁的青年，就这样颓唐沮丧，我实在替你担忧。

一般人欢喜谈玄，你说烦恼，他便从“哲学辞典”里拖出“厌世主义”“悲观哲学”等等堂哉皇哉的字样来叙你的病由。我不知道你感觉如何，我自己从前仿佛也尝过烦恼的况味，我只觉得忧来无方，不但人莫之知，连我自己也莫名其妙，哪里有所谓哲学与人生观！我也些微领过哲学家的教训：在心气和平时，我景仰希腊廊下派哲学者，相信人生当皈依自然，不当存有嗔喜贪恋；我景仰托尔斯泰，相信人生之美在看与爱；我景仰布朗宁，相信世间有丑才能有美，不完全乃真完全；然而外感偶来，心波立涌，拿天大的哲学，也抵挡不住。这固然是由于缺乏修养，但是青年们有几个修养到“不动心”的地步呢？从前长辈们往往拿“应该不应该”的大道理向我说法。他们说，像我这样一个青年应该活泼泼的，不应该暮气沉沉的，应该努力做学问，不应该把自己的忧乐放在心头。谢谢吧，请留着这副“应该”的方剂，将来患烦恼的人还多呢！

朋友，我们都不过是自然的奴隶，要征服自然，只得服从自然。违反自然，烦恼才乘虚而入，要排解烦闷，也须得使你的自然冲动有机会发泄。人生来好动，好发展，好创造。能动，能发展，能创造，便是顺从自然，便能享受快乐，不动，不发展，不创造，便是摧残生机，便不免感觉烦恼。这种事实在流行语中就可以见出，我们感觉快乐时说“舒畅”，感觉不快乐时说“抑郁”。这两个字样可以用作形容词，也可以用作动词。用作形容词时，它们描写快或不快的状态；用作动词时，我们可以说它们说明快或不快的原因。你感觉烦恼，因为你的生机被抑郁；你要想快乐，须得使你的生机能舒畅，能宣泄。流行语中又有“闲愁”的字样，闲人大半易于发愁，就因为闲时生机静止而不舒畅。青年人比老年人易于发愁些，因为青年人的生机比较强旺。小孩子们的生机也很强旺，然而不知道愁苦，因为他们时时刻刻地游戏，所以他们的生机不至于被抑郁。小孩子们偶尔不很乐意，便放声大哭，哭过了气就消去。成人们感觉烦恼时也还要拘礼节，哪能由你放声大哭呢？黄连苦在心头，所以愈觉其苦。歌德少时因失恋而想自杀，幸而他的文机动了，埋头两礼拜著成一部《少年维特之烦恼》，书成了，他的气也泄了，自杀的念头也打消了。你发愁时并不一定要著书，你就读几篇哀歌，听一幕悲剧，借酒浇愁，也可以大畅胸怀。从前我很疑惑何以剧情愈悲而读之愈觉其快意，近来才悟得这个泄与郁的道理。

总之，愁生于郁，解愁的方法在泄；郁由于静止，求泄的方法在动。从前儒家讲心性的话，从近代心理学眼光看，都很粗疏，只有孟子的“尽性”一个主张，含义非常深广。一切道德学说都不免肤浅，如果不从“尽性”的基点出发。如果把“尽性”两字懂得透彻，我以为生活目的在此，生活方法也就在此。人性固然是复杂的，可是人是动物，基本性不外乎动。从动的中间我们可以寻出无限快感。这个道理我可以拿两种小事来印证：从前我住在家里，自己的书房总欢喜自己打扫。每看到书籍零乱，灰尘满地，你亲自去洒扫一过，霎时间混浊的世界变成明窗净几，此时悠然就座，游目骋怀，乃觉有不可言喻的快慰，再比方你自己是欢喜打网球的，当你起劲打球时，你还记得天地间有所谓烦恼么。

你大约记得晋人陶侃的故事。他老来罢官闲居，找不得事做，便去搬砖。晨间把一百块砖由斋里搬到斋外，暮间把一百块砖由斋外搬到斋里。人问其故，他说："吾方致力中原，过尔优逸，恐不堪事。"他又尝对人说："大禹圣人，乃惜寸阴，至于众人，当惜分阴。"其实惜阴何必定要搬砖，不过他老先生还很茁壮，借这个玩意儿多活动活动，免得抑郁无聊罢了。

朋友，闲愁最苦！愁来愁去，人生还是那么样一个人生，世界也还是那么样一个世界。假如把自己看得伟大，你对于烦恼，当有"不屑"的看待；假如把自己看得渺小，你对于烦恼当有"不值得"的看待。我劝你多打网球，多弹钢琴，多栽花木，多搬砖弄瓦。假如你不喜欢这些玩意儿，你就谈谈笑笑，跑跑跳跳，也是好的。

就在此祝你：

谈谈笑笑，跑跑跳跳！

你的朋友　孟实

【解析要点】

在当下现代化愈加成熟的社会条件下，社会人士压力普遍增大，竞争愈加强烈。包括还没有正式步入社会的青年甚至少年朋友，就在周围亲人的念叨下，变得信心不足、惶恐不安等。此时此刻，朱光潜先生这样的忠告显得格外安稳人心。暂且莫慌，无聊烦恼时，就做点自己感兴趣的小事情：跑步运动、唱歌舞蹈、看书写字都可以。有个自己能坚持下去的正向兴趣活动是终生有益的。

【思考题】

1. 结合全文，概括作者主张多"动"的原因。
2. 生活中难免有烦心之事，情绪低落之时，你是怎样动起来的呢？

综合实践课

心学，作为儒学的一门学派，最早可推溯自孟子。至明朝，由王阳明首度提出“心学”两字，并提出心学的宗旨在于“致良知”，至此心学开始有了清晰而独立的学术脉络。心学在发展的过程中，由于对心学的体悟方式不同，程度不同，涌现出许多门派，主要有心学、王学等七派。在岭南地区比较有代表性的是粤闽王门学派。

粤闽王门学派代表人物有方献夫、薛侃，主要学者还有杨骥、周坦等。请选择一位代表人物作为调查对象，调查其对王阳明心学传入岭南地区的事迹和成果，制作完成调查视频及调查报告，并做成 PPT 进行展示。

1. 活动名称：粤闽王门学派调研。

2. 任务形式：调查视频及调查报告。

3. 活动程序：选定对象—查找资料—实地调查—拍摄视频—完成调查报告—PPT 汇报。

4. 活动成果：调查视频及调查报告。

5. 评价方案：根据前期准备工作情况、调查过程中完成情况、调查后资料整理情况等进行综合评价。

6. 活动建议：

（1）小组完成，注重成员间的分工协作。

（2）实地调查，不可流于形式。

（3）调查报告字数不少于 3000 字；调查视频不少于 10 分钟。

研究探索课

1. **选题指导**

本专题以正心为主题，所谓“欲修其身者，先正其心”，修身先要正心正念，王阳明也说“夫人者，天地之心，天地万物本吾一体者也”。人与天地万物本一体，人生活在天地间，要有是非之心、良知之心、公德之心。当代大学生是民族的希望，是祖国的未来。加强和改进大学生社会公德教育，把他们培养成中国特色社会主义事业的建设者和接班人，对于全面实施科教兴国和人才强国战略，加快推进社会主义现代化的宏伟目标，具有重大而深远的战略意义。

请选择其中比较有感触的点，结合当下大学生的思想现状等，对当代大学生的公德现状进行拓展调查研究，探索提升当代大学生公德心的方式方法。

2. 研究方法与材料收集

所有的学习研究，都要以马克思主义唯物辩证法为基本研究方法，并建议与以下相关方法结合使用。

（1）调查法：制作调查问卷，在一定范围内展开调查，以便有目的、有系统地搜集有关研究对象的具体信息。

（2）观察法：用自己的感官和辅助工具（如手机、相机等）直接观察或拍摄，获取相关信息。

（3）理论联系实际：以学过的理论为指导，分析实际情况；并以实际情况来验证理论。

（4）访谈法：通过对研究对象进行采访和谈话，获取研究需要的信息。

（5）定量分析法：通过具体的数字，使人们对研究对象的认识进一步精确化，该方法可以与调查法结合。

（6）归纳法：从收集到的许多具体事例中，经过分析，获得概括性规则。

（7）演绎法：从既有的普遍性结论或一般性事理中，推导出个别性结论。

3. 成果展示

以小论文的形式展示，论文字数不少于1500字。

要求：论点清晰，论据充分，论证有力。

专题五　修身塑品德

【专题导读】

“国无德不兴，人无德不立。”崇德尚礼，作为中华传统文化的底色，数千年的岁月流转未曾掩盖它的光芒，它超越了时空，滋养着灿烂的华夏文明并使之薪火相传。

“修身”即努力提高个人的道德修养，也就是立德。它是人生的总开关，就像是汽车的方向盘和轮船的锚一样，对指引人一生的成长起着方向性的作用。

中国古人有“三不朽”，即“太上有立德，其次有立功，其次有立言”，立德居于首位；德国古典哲学家康德的墓碑上也刻着“世界上只有两样东西让我敬畏，一个是我头顶上灿烂的星空，另一个就是心中永恒的道德法则”。德是做人、做事、做学问的基础。先秦诸子百家学说充满了卓绝的智慧，各家各派都在关注和思考现实社会与人生中的种种问题，虽然他们的学说表述有所不同，但核心思想不约而同，那就是都把提高道德修养作为最基本的前提和保障。今天的我们应该立什么德？习近平总书记讲过：“核心价值观其实就是一种德，既是个人的德，也是一种大德，就是国家的德、社会的德。”关于怎样立德？他讲过：“要从自己做起、从身边做起、从小事做起、一点一滴积累，养成好思想、好品德。”所以，立德是第一要务，是人生必修课，立德是个人成长、家庭幸福和社会和谐的基础。立德、修身，永远在路上。

【学习目标】

1. 思政目标

（1）修身立德，培养正确、良好的世界观、人生观、价值观。

（2）学习先贤的思想，从他们的智慧中汲取不断前进的力量。

2. 知识目标

（1）反复涵泳，品味诗文语言，感受其音韵美和节奏美。

（2）了解作品的创作背景，知人论世，全方位把握作品主题。

（3）鉴赏诗文名句，感受作品的意境，领略作品的艺术手法。

3. 能力目标

（1）通过想象与联想，揣摩诗文语言，品味言外之意，培养良好的阅读趣味。

（2）掌握意象比较、形象分析、置换词句等鉴赏文学作品的方法。

讲读课

论语（五则）

【课文导读】

《论语》是记载孔子及其弟子言行的一部语录体散文著作，较为集中地体现了孔子及儒家学派的政治主张、伦理思想、道德观念、教育原则等。孔子倡导“仁”，弘扬仁者“爱人”，把个人道德修养的意义提升到仁爱天下的高度，而这一切必然要从家族内部关系入手，因此，提倡孝悌，注重培养“孝”之品德就成为孔子仁学的一个主要内容，本文所选《论语》五则，皆以“孝”为主题。

1. 子曰：“弟子[①]入[②]则孝，出则弟[③]，谨而信，泛爱众，而亲[④]仁[⑤]。行有余力，则以学文[⑥]。”

——《学而篇第一》

2. 子游问孝。子曰：“今之孝者，是谓能养[⑦]。至于犬马，皆能有养。不敬，何以别乎？”

——《为政篇第二》

3. 曾子曰："慎[8]终[9]追[10]远[11]，民德归厚矣。"

——《学而篇第一》

4. 子夏问孝。子曰："色难[12]。有事，弟子服其劳；有酒食，先生馔[13]，曾[14]是以为孝乎？"

——《为政篇第二》

5. 子曰："父母之年[15]，不可不知也。一则以喜，一则以惧。"

——《里仁篇第四》

【课文注释】

①弟子：青少年。

②入：与"出"相对，指在父母跟前；"出"指出了自己房门。

③弟：同"悌（tì）"，指敬爱兄长。

④亲：亲近。

⑤仁：仁者，有仁德之人。

⑥文：指诗、书、礼、乐等文化知识。

⑦养：奉养父母。

⑧慎：谨慎的。

⑨终：人死为终，指父母去世。

⑩追：追念。

⑪远：祖先。

⑫色难：侍奉父母，以和颜悦色为最难。

⑬馔：吃喝、食用。

⑭曾：乃、竟、难道。

⑮年：年龄。

【解析要点】

"百善孝为先"，"孝"的品行是个人修养和家庭和谐的根本。好多人认为孝顺父母，就是给父母创造良好的生活条件，让他们衣食无忧，这固然是最基本的，但却不是最重要的。真正的孝是要对父母有发自内心的尊敬，对他们说话心平气和，满足他们的精神需求；知道父母的年龄，为他们的长寿而高兴，为他们的衰老而担忧。深情追忆祖先的事业功勋，对其高风亮节、嘉言懿行进行诚挚地缅怀。所以，生命为大，以人为本，孔子说“孝慈则忠”（《论语·为政》），孝悌的原则推广于国家社会，即是忠君爱国。

【思考题】

1. 这几则章句，你感触最深的是哪一句，为什么？和同学一起交流。

2. 孟子提倡“老吾老，以及人之老；幼吾幼，以及人之幼”，比之孔子的“孝悌”思想有何新发展？

3. 结合本文所选《论语》章句和生活实际，谈谈应当怎样孝顺父母。

诗经·卫风·淇奥[①]

【课文导读】

《卫风·淇奥》是《诗经》中的一首赞美男子形象的诗歌。先秦时代，正是中华民族不断凝聚走向统一的时代，人们渴望和平、和谐的生活，自然就把希望寄托在圣君贤相、能臣良将身上，赞美他们，实际上是表达一种对美好生活的憧憬与向往。《左传·昭公二年》曰：“北宫文子赋《淇奥》。”杜预注：“《淇奥》，美武公也。”《毛诗序》也说：“《淇奥》，美武公之德也。”这个武公，是卫国的武和，生于西周末年，曾经担任过周平王的卿士。他到晚年九十多岁，仍然廉洁从政，宽容别人的批评，接受别人的劝谏，因此很受人们的尊敬，人们就作了《卫风·淇奥》这首诗来赞美他。也有说诗中形象并非实指，而是描写周王朝时代一个品德高尚的士大夫，具有泛指意蕴。见仁见智，无须拘泥。

瞻[②]彼淇奥，绿竹猗猗[③]。有匪[④]君子，如切如磋[⑤]，如琢如磨[⑥]。
瑟[⑦]兮僩[⑧]兮，赫[⑨]兮咺[⑩]兮。有匪君子，终不可谖[⑪]兮。

瞻彼淇奥，绿竹青青。有匪君子，充耳[⑫]琇莹[⑬]，会弁如星[⑭]。
瑟兮僩兮，赫兮咺兮。有匪君子，终不可谖兮。

瞻彼淇奥，绿竹如箦[15]。有匪君子，如金如锡，如圭如璧[16]。

宽兮绰兮[17]，猗[18]重较[19]兮。善戏谑[20]兮，不为虐[21]兮。

【课文注释】

①淇：淇水，源出河南林县，东经淇县流入卫河。奥（yù）：“隩”或“澳”的借字，水岸深曲处。一说泉水入淇处。

②瞻：看。

③猗（yī）猗：美盛、茂密的样子。

④匪：“斐”的借字，有文采的样子。

⑤切磋：本义是加工玉石骨器，引申为讨论研究学问。切，治骨曰切。磋，治象牙曰磋。

⑥琢磨：本义是玉石骨器的精细加工，引申为学问道德上钻研深究。琢，治玉曰琢。磨，治石曰磨。

⑦瑟：仪容庄重的样子。

⑧僩（xiàn）：神态威严的样子。

⑨赫：光明的样子。

⑩咺（xuān）：有威仪，心胸宽广。

⑪谖（xuān）：忘记。

⑫充耳：挂在冠冕两旁的饰物，下垂至耳，一般用玉石制成。

⑬琇（xiù）莹：似玉的美石。

⑭会（kuài）弁（biàn）：鹿皮帽。会，冠缝赘玉称为“琣”。如星：皮帽缝合处所缀的玉石，如成排之星闪耀。

⑮箦（zé）：堆积，形容茂盛。

⑯圭：玉制礼器，上尖下方，在举行隆重仪式时使用。璧：玉制礼器，正圆形，中有小孔，也是贵族朝会或祭祀时使用。圭与璧制作精细，显示佩戴者身份尊贵、品德高雅。

⑰宽兮绰兮：指君子心胸宽广。绰，旷达。

⑱猗：同“倚”，依靠。

⑲重（chōng）较：车厢上有两重横木的车子，为古代卿士所乘。较，古时车厢两旁作扶手的曲木或铜钩。

⑳戏谑：用幽默、诙谐的话逗趣，开玩笑，言谈风趣。

㉑虐：粗暴。流于恣肆、刻薄。

【解析要点】

《卫风·淇奥》是一曲形象的赞歌。全诗三章，每章九句。第一章着重写君子的内在美德；第二章具体写君子服饰之盛，来见其仪容之美；第三章赞美君子道德修养极高，且入为周王卿士，为人幽默而有分寸，暗指其为邦国之兴做出贡献。此诗每章均以“绿竹”起兴，借绿竹的挺拔、青翠、浓密来赞颂君子的高风亮节，开创了以竹喻人的先河；前后运用多个比喻来表现一种变化和过程，寓示君子之美在于后天的积学修养和道德磨砺。诗中一些句子，如“如切如磋，如琢如磨”“善戏谑兮，不为虐兮”，成为日后人们称许某种品德或性格的词语，可见此诗影响之深远。

【思考题】

1. 诗中多处运用比喻来赞美君子的美好形象，请举例说明。

2. 诗歌哪些地方用了赋、比、兴的艺术手法？找出来并品味这些诗句的艺术效果。

3. 试把这首诗改写成白话诗或小故事，可以发挥想象，有所创新。

大学（节选）

【课文导读】

《大学》为儒家基本经典之一，原为《礼记》中的一篇，全文两千余字，它全面总结了先秦儒家关于道德修养、道德作用及其与治国平天下的关系。南宋朱熹把它与《论语》《孟子》《中庸》合称为“四书”。所谓“大学”，与“小学”相对而言，古人8岁入小学，学习洒扫、应对、进退等文化基础知识和礼节；15岁入大学，学习伦理、哲学、政治等穷理治心、修己治人的学问。

1. 大学之道[1]，在明明德[2]，在亲民[3]，在止于至善。知止[4]而后有定，定而后能静，静而后能安，安而后能虑，虑而后能得。物有本末，事有终始。知所先后，则近道矣。

古之欲明明德于天下者，先治其国；欲治其国者，先齐其家[5]；欲齐其家者，先修其身[6]；欲修其身者，先正其心；欲正其心者，先诚其意；欲诚其意者，先致其知[7]；致知在格物[8]。物格而后知至；知至而后意诚；意诚而后心正；心正而后身修；身修而后家齐；家齐而后国治；国治而后天下平。

自天子以至于庶人，壹是[9]皆以修身为本。其本乱而末治者，否矣。其所厚者薄，而其所薄者厚，未之有也。

2. 汤之《盘铭》[10]曰："苟[11]日新，日日新，又日新。"《康诰》曰："作新民[12]。"《诗》曰："周虽旧邦，其命维新[13]。"是故君子无所不用其极[14]。

【课文注释】

①道：宗旨。

②明明德：第一个"明"是动词，彰显、发扬之意；第二个"明"是形容词，高尚的。

③亲民：一说是"新民"，使人弃旧图新，弃恶扬善。引导、教化人民之意。

④知止：明确目标所在。

⑤齐其家：将自己家庭或家族的事务管理得井井有条，人与人之间的关系和谐，家业繁荣。

⑥修其身：修炼自己的品行和人格。

⑦致其知：让自己得到知识和智慧。

⑧格物：探究事物的原理。

⑨壹是：全部、都是。

⑩汤之《盘铭》：汤，指商汤，商朝的创建者。《礼记正义》："汤沐浴之盘，而刻铭为戒。必于沐浴之者，戒之甚也。"

⑪苟：如果。

⑫作新民：使民弃旧图新。

⑬周虽旧邦，其命维新：周虽是诸侯之邦，却禀受了新的天命，唯为天子而更新也。

⑭是故君子无所不用其极：《礼记正义》："极，尽也。言君子欲日新其德，无处

不用其心尽力也。言自新之道，唯在尽其心力，更无余行也。”

【解析要点】

《大学》开篇第一章，朱熹把它概括为“三纲八目”。所谓三纲，即明德、新民、止于至善，它既是《大学》的纲领旨趣，也是儒学垂世立教的目标所在。所谓八目，是指格物、致知、诚意、正心、修身、齐家、治国、平天下。它既是为达到“三纲”而设计的条目，也是儒学所展示的人生进修阶梯。

“八目”包括“内修”和“外治”两大方面：“格物、致知、诚意、正心”是“内修”；“齐家、治国、平天下”是“外治”。而“修身”，则是联结“内修”和“外治”的枢纽：与前面的“内修”连在一起，是“独善其身”；与后面的“外治”连在一起，是“兼济天下”。两千多年来，一代又一代中国知识分子把生命历程铺设在这一阶梯之上，使得它成为带有浓厚实践色彩的人生追求阶梯。它铸造了一代又一代中国知识分子的人格心理，时至今日，仍然可以在我们身上发挥潜移默化的作用。

【思考题】

1. 《大学》开宗明义指出大学的宗旨，被朱熹称为“大学之纲领”，它指的是什么？

2. 君子应该在什么方面“无所不用其极”？领会这句话的深刻内涵。

3. 学《大学》，行《大学》，学习了本文，请联系实际谈谈我们应该怎么做才能达到至善至美的境界。

人生的境界

冯友兰[1]

【课文导读】

中国当代著名哲学家冯友兰认为，人生境界即精神境界，有高下之别，它可以分为四个等级：自然境界、功利境界、道德境界、天地境界。中国哲学的精神，或曰作用，或曰任务，在于提升此种境界，那么中国哲学对于未来人类的进步可能有所贡献。先生站在哲学高度阐述人生境界，从而引发人们对人生意义的思考，同时启示我们：人无论在什么境遇中都要有精神追求，让自己从一个自然的人变成一个有道德境界的人。

【原文】

哲学的任务是什么？我曾提出，按照中国哲学的传统，它的任务不是增加关于实际的积极的知识，而是提高人的精神境界。在这里更清楚地解释一下这话的意思，似乎是必要的。

我在《新原人》一书中曾说，人与其他动物的不同，在于人做某事时，他了解他在做什么，并且自觉地在做。正是这种觉解[2]，使他正在做的事对于他有了意义。他做各种事，有各种意义，各种意义合成一个整体，就构成他的人生境界。如此构成各人的人生境界，这是我的说法。不同的人可能做相同的事，但是各人的觉解程度不同，所做的事对于他们也就各有不同的意义。每个人各有自己的人生境界，与其他任何个人的都不完全相同。若是不管这些个人的差异，我们可以把各种不同的人生境界划分为四个等级。从最低的说起，它们是：自然境界，功利境界，道德境界，天地境界。

一个人做事，可能只是顺着他的本能或其社会的风俗习惯。就像小孩和原始人那样，他做他所做的事，然而并无觉解，或不甚觉解。这样，他所做的事，对于他就没有意义，或很少意义。他的人生境界，就是我所说的自然境界。

一个人可能意识到他自己，为自己而做各种事。这并不意味着他必然是不道德的人。他所做的事，其后果可以有利于他人，其动机则是利己的。所以他所做的各种事，对于他，有功利的意义。他的人生境界，就是我所说的功利境界。

还有的人，可能了解到社会的存在，他是社会的一员。这个社会是一个整体，他是这个整体的一部分。有这种觉解，他就为社会的利益做各种事，或如儒家所说，他做事是为了“正其义不谋其利③”。他真正是有道德的人，他所做的都是符合严格的道德意义的道德行为。他所做的各种事都有道德的意义。所以他的人生境界，是我所说的道德境界。

最后，一个人可能了解到超乎社会整体之上，还有一个更大的整体，即宇宙。他不仅是社会的一员，同时还是宇宙的一员。他是社会组织的公民，同时还是孟子所说的“天民④”。有这种觉解，他就为宇宙的利益而做各种事。他了解他所做的事的意义，自觉他正在做他所做的事。这种觉解为他构成了最高的人生境界，就是我所说的天地境界。

这四种人生境界之中，自然境界、功利境界的人，是人现在就是的人；道德境界、天地境界的人，是人应该成为的人。前两者是自然的产物，后两者是精神的创造。自然境界最低，往上是功利境界，再往上是道德境界，最后是天地境界。它们之所以如此，是由于自然境界，几乎不需要觉解；功利境界、道德境界，需要较多的觉解；天地境界则需要最多的觉解。道德境界有道德价值，天地境界有超道德价值。

照中国哲学的传统，哲学的任务是帮助人达到道德境界和天地境界，特别是达到天地境界。天地境界又可以叫作哲学境界，因为只有通过哲学，获得对宇宙的某些了解，才能达到天地境界。但是道德境界，也是哲学的产物。道德认为，并不单纯是遵循道德的行为；有道德的人也不单纯是养成某些道德习惯的人。他行动和生活，都必须觉解其中的道德原理，哲学的任务正是给予他这种觉解。

生活于道德境界的人是贤人，生活于天地境界的人是圣人。哲学教人以怎样成为圣人的方法。成为圣人就是达到人作为人的最高成就。这是哲学的崇高任务。

在《理想国》中，柏拉图说，哲学家必须从感觉世界的“洞穴”⑤上升到理智世界。哲学家到了理智世界，也就是到了天地境界。可是天地境界的人，其最高成就，是自己与宇宙同一，而在这个同一中，他也就超越了理智。

中国哲学总是倾向于强调，为了成为圣人，并不需要做不同于平常的事。他不可能表演奇迹，也不需要表演奇迹。他做的都只是平常人所做的事，但是由于有高度的觉解，他所做的事对于他就有不同的意义。换句话说，他是在觉悟状态做他所做的事，别人是在无明状态做他们所做的事。禅宗有人说，觉字乃万妙之源。由觉产生的意义，构成了他的最高的人生境界。

所以中国的圣人是既入世而又出世的，中国的哲学也是既入世而又出世的。随着未来的科学进步，我相信，宗教及其教条和迷信，必将让位于科学；可是人的对于超越人世的渴望，必将由未来的哲学来满足。未来的哲学很可能是既入世而又出世的。在这方面，中国哲学可能有所贡献。

【课文注释】

①冯友兰（1895—1990）：哲学家、哲学史家，字芝生，河南唐河人。主要作品有《中国哲学史》《新理学》《新事论》等。

②觉解：指觉悟、理解、意识水平。

③“正其义不谋其利”：出自《汉书·董仲舒传》，做任何事情都是为了匡扶正义，而不是为了谋取私利。

④天民：明乎天理、适乎天性的贤者。

⑤“洞穴”：古希腊哲学家柏拉图在其《理想国》第七卷中有“洞穴”之喻，说囚徒在洞穴式的地下室，只能看洞穴后壁上的影像，他们视之为真实，而将转头看见的真正物象当作非本质的梦幻。

【解析要点】

本文旨在从人生境界的角度去论述哲学的任务。

冯友兰先生认为，人类做事的意义本是客观存在的，有功利的意义，有道德的意义，有天地的意义。但是人们觉解的程度是不同的，觉解了，就处于觉悟状态；不觉解，就处于“无明状态”。人生的意义各不相同，人生的境界也就各不相同，由低级到高级，可以划分为四个等级：自然境界、功利境界、道德境界和天地境界。前两种境界是自然的产物，后两种境界是精神的创造。哲学的任务就在于使人觉解，提高人的精神境界，帮助人达到道德境界、天地境界，成为贤人、圣人。

【思考题】

1. 本文论述的主要问题是什么？请找出文章的主旨句。

2. 作者划分人生境界的依据是什么？用自己的话说说四种境界的内涵。

3. “觉解”一词贯穿了全文，它与人生境界有着密切的关系，谈谈你对“觉解”一词的理解。

自读课

白马篇

〔三国〕曹植

【课文导读】

曹植生活在战乱频繁的时代，又深受其父曹操的影响，所以从青少年时代起，就抱着建功立业的雄心壮志，他在《与杨德祖书》中表示，要“戮力上国，流惠下民，建永世之业，流金石之功”。同时他又深受时代风气的熏陶，养成了一种放纵不羁的性格，这种拯世济民的理想和他恃才傲物的性格贯穿在他一生的思想和行动中，并且成为他作品的基本精神。《白马篇》又名《游侠篇》，是曹植前期诗歌的代表作，刻画了一个武艺精熟的爱国壮士形象，实际上也抒发了曹植的少年英雄梦。

白马饰金羁[1]，连翩[2]西北驰。
借问谁家子，幽并[3]游侠儿。
少小去乡邑[4]，扬声[4]沙漠垂[6]。
宿昔秉良弓[7]，楛矢何参差[8]。
控弦破左的[9]，右发摧月支[10]。
仰手接飞猱[11]，俯身散马蹄[12]。
狡捷[13]过猴猿，勇剽若豹螭[14]。
边城多警急，虏骑数迁移[15]。
羽檄[16]从北来，厉马[17]登高堤。
长驱蹈[18]匈奴，左顾凌鲜卑[19]。
弃身[20]锋刃端，性命安可怀[21]？
父母且不顾，何言子与妻！
名编壮士籍[22]，不得中顾私[23]。
捐躯赴国难，视死忽如归。

【课文注释】

①金羁（jī）：金饰的马笼头。

②连翩（piān）：连续不断，原指鸟飞的样子，这里用来形容白马奔驰的俊逸形象。

③幽并：幽州和并州。在今河北、山西、陕西一带。

④去乡邑：离开家乡。

⑤扬声：扬名。

⑥垂：同“陲”，边境。

⑦宿昔：早晚。秉：执、持。

⑧楛（hù）矢：用楛木做成的箭。何：多么。参差（cēncī）：长短不齐的样子。

⑨控弦：开弓。的：箭靶。

⑩摧：毁坏。月支：箭靶的名称。左、右是互文见义。

⑪接：接射。飞猱（náo）：飞奔的猿猴。猱，猿的一种，行动轻捷，攀缘树木，上下如飞。

⑫散：射碎。马蹄：箭靶的名称。

⑬狡捷：灵活敏捷。

⑭勇剽（piāo）：勇敢剽悍。螭（chī）：传说中形状如龙的黄色猛兽。

⑮虏骑（jì）：指匈奴、鲜卑的骑兵。数（shuò）迁移：指经常进兵入侵。数，经常。

⑯羽檄（xí）：军事文书，插鸟羽以示紧急，必须迅速传递。

⑰厉马：扬鞭策马。

⑱长驱：向前奔驰不止。蹈：践踏。

⑲顾：看。凌：压制。鲜卑：中国东北方的少数民族，东汉末成为北方强族。

⑳弃身：舍身。

㉑怀：爱惜。

㉒籍：名册。

㉓中顾私：心里想着个人的私事。中，内心。

【解析要点】

诗人曹植的生平与创作以曹丕称帝为界，分为前后两个时期。前期的曹植是深受宠爱才华横溢的贵公子，诗中抒发的是对现实的观照和建功立业的理想；后期的曹植是深受排挤压抑郁闷的陈思王，诗中表现的是壮志难酬的悲愤和不甘被弃置的愿望。《白马篇》是其前期的代表作，诗歌主要采用铺叙手法，前半部分描写英雄的外在美，飒爽英姿，转战边陲，表现他的勇；后半部分抒写他的内心美，为国捐躯，视死如归，表现他的忠。

【思考题】

1. 诗歌是从哪几个方面来塑造少年英雄形象的？请做简要概括。

2. 试结合作者身世，说说诗中寄托了作者怎样的思想感情。

3. 诗歌在铺叙中使用了对偶句、反问句，节奏明快，铿锵有力，请找出这些句子，品味其艺术效果。

假如给我三天光明（节选）

（美）海伦·凯勒[①]

【课文导读】

本文是美国作家海伦·凯勒的自传体代表作，被誉为“世界文学史上无与伦比的杰作”。节选部分，作者想象了拥有三天视力的情况下，先去观察有生命和无生命的朋友，然后纵观世界，了解人类进步的奇迹，接着通过观察纽约这座纷繁复杂的大都市，了解人们的日常生活。以此告诫身体健全的人们，应珍惜生命、珍惜造物主赐予的一切。

【原文】

第一天，将会是忙碌的一天。我将把我所有亲爱的朋友都叫来，长久地望着他们的脸，把他们内在美的外部迹象铭刻在我的心中。我也将会把目光停留在一个婴儿的脸上，以便能够捕捉到在生活冲突所致的个人意识尚未建立之前的那种渴望的、天真无邪的美。我还将看看我的小狗们忠实信赖的眼睛——庄重、宁静的小司格梯、达吉，还有健壮而又懂事的大德恩，以及黑尔格，它们的热情、幼稚而顽皮的友谊，使我获得了很大的安慰。

在忙碌的第一天，我还将观察一下我的房间里简单的小东西，我要看看我脚下的小地毯的温暖颜色，墙壁上的画，将房子变成一个家的那些亲切的小玩意。我的目光将会崇敬地落在我读过的盲文书籍上，然而那些能看的人们所读的印刷字体的书籍，会使我更加感兴趣。在我一生漫长的黑夜里，我读过的和人们读给我听的那些书，已经成为一座辉煌的巨大灯塔，为我指示出了人生及心灵的最深的航道。

在能看见的第一天下午，我将到森林里进行一次远足②，让我的眼睛陶醉在自然界的美丽之中，在几小时内，拼命吸取那经常展现在正常视力人面前的光辉灿烂的广阔奇观。自森林郊游返回的途中，我要走在农庄附近的小路上，以便看看在田野耕作的马（也许我只能看到一台拖拉机），看看紧靠着土地过活的悠然自得的人们，我将为光艳动人的落日奇景而祈祷。

当黄昏降临，我将由于凭借人为的光明看见外物而感到喜悦，当大自然宣告黑暗到来时，人类天才地创造了灯光，来延伸他的视力。在第一个有视觉的夜晚，我将睡不着，心中充满对于这一天的回忆。

有视觉的第二天，我要在黎明前起身，去看黑夜变为白昼的动人奇迹。我将怀着敬畏之心，仰望壮丽的曙光全景，与此同时，太阳唤醒了沉睡的大地。

这一天，我将向世界，向过去和现在的世界匆忙瞥一眼。我想看看人类进步的奇观，那变化无穷的万古千年。这么多的年代，怎么能被压缩成一天呢？当然是通过博物馆。我常常参观纽约自然史博物馆，用手摸一摸那里展出的许多展品，但我曾经渴望亲眼看看地球的简史和陈列在那里的地球上的居民——按照自然环境描画的动物和人类，巨大的恐龙和剑齿象的化石，早在人类出现并以他短小的身材和有力的头脑征服动物王国以前，它们就漫游在地球上了；博物馆还逼真地介绍了动物、人类，以及劳动工具的发展经过，人类使用这些工具，在这个行星上为自己创造了安全牢固的家；博物馆还介绍了自然史的其他无数方面。

我不知道，有多少本文的读者看到过那个吸引人的博物馆里所描绘的活着的动物的形形色色的样子。当然，许多人没有这个机会，但是，我相信许多有机会的人却没有利用它。在那里确实是使用你眼睛的好地方。有视觉的你可以在那里度过许多受益匪浅的日子，然而我，借助于想象中的能看见的三大，仅能匆匆一瞥而过。

我的下一站将是首都艺术博物馆，因为它正像自然史博物馆显示了世界的物质外观那样，首都艺术博物馆显示了人类精神的无数个小侧面。在整个人类历史阶段，人类对于艺术表现的强烈欲望几乎像对待食物、藏身处，以及生育繁殖一样迫切。在这里，在首都艺术博物馆巨大的展览厅里，埃及、希腊、罗马的精神在它们的艺术中表现出来，展现在我面前。

我通过手清楚地知道了古代尼罗河国度的诸神和女神。我抚摸了巴台农神庙中的复制品，感到了雅典冲锋战士有韵律的美。阿波罗、维纳斯，以及双翼胜利之神莎莫瑞丝都使我爱不释手。荷马的那副多瘤有须的面容对我来说是极其珍贵的，因为他也懂得什么叫失明。我的手依依不舍地留恋罗马及后期的逼真的大理石雕刻，我的手抚摸遍了米开朗琪罗的感人的英勇的摩西石雕像，我感知到罗丹的力量，我敬畏哥特人对于木刻的虔诚。这些能够触摸的艺术品对我来讲，是极有意义的，然而，与其说它们是供人触摸的，毋宁说它们是供人观赏的，而我只能猜测那种我看不见的美。我能欣赏希腊花瓶的简朴的线条，但它的那些图案装饰我却看不到。

因此，这一天，给我光明的第二天，我将通过艺术来搜寻人类的灵魂。我会看见那些我凭借触摸所知道的东西。更妙的是，整个壮丽的绘画世界将向我打开，从富有宁静的宗教色彩的意大利早期艺术及至带有狂想风格的现代派艺术。我将细心地观察拉斐尔、达·芬奇、提香、伦勃朗的油画。我要饱览维洛内萨的温暖色彩，研究艾尔·格列科的奥秘，从科罗的绘画中重新观察大自然。啊，你们有眼睛的人们竟能欣赏到历代艺术中这么丰富的意味和美！在我对这个艺术神殿的短暂的游览中，我一点儿也不能评论展开在我面前的那个伟大的艺术世界，我将只能得到一个肤浅的印象。艺术家们告诉我，为了达到深刻而真正的艺术鉴赏，一个人必须训练眼睛。

一个人必须通过经验学习判断线条、构图、形式和颜色的品质优劣。假如我有视觉从事这么使人着迷的研究，该是多么幸福啊！但是，我听说，对于你们有眼睛的许多人，艺术世界仍是个有待进一步探索的世界。

我十分勉强地离开了首都艺术博物馆——它装纳着美的钥匙。但是，看得见的人们往往并不需要到首都艺术博物馆去寻找这把美的钥匙。同样的钥匙还在较小的博物馆中甚或在小图书馆书架上等待着。但是，在我假想的有视觉的有限时间里，我应当挑选一把钥匙，能在最短的时间内去开启藏有最大宝藏的地方。

我重见光明的第二晚，我要在剧院或电影院里度过。即使现在我也常常出席剧场的各种各样的演出，但是，剧情必须由一位同伴拼写在我手上。然而，我多么想亲眼看看哈姆雷特的迷人的风采，或者穿着伊丽莎白时代鲜艳服饰的生气勃勃的弗尔斯塔夫！我多么想注视哈姆雷特的每一个优雅的动作，注视精神饱满的弗尔斯塔夫的大摇大摆！因为我只能看一场戏，这就使我感到非常为难，因为还有数十幕我想要看的戏剧。

你们有视觉，能看到你们喜爱的任何一幕戏。当你们观看一幕戏剧、一部电影或者任何一个场面时，我不知道，究竟有多少人对于使你们享受它的色彩、优美和动作的视觉的奇迹有所认识，并怀有感激之情呢？由于我生活在一个限于手触的范围里，我不能享受到有节奏的动作美。但我只能模糊地想象一下巴芙洛娃的优美，虽然我知道一点律动的快感，因为我常常能在音乐震动地板时感觉到它的节拍。我能充分想象那有韵律的动作，一定是世界上最令人悦目的一种景象。我用手指抚摸大理石雕像的线条，就能够推断出几分。如果这种静态美都能那么可爱，看到的动态美一定更加令人激动。我最珍贵的回忆之一就是，约瑟·杰佛逊让我在他又说又做地表演他所爱的里卜·万·温克时去摸他的脸庞和双手。

我多少能体会到一点戏剧世界，我永远不会忘记那一瞬间的快乐。但是，我多么渴望观看和倾听戏剧表演进行中对白和动作的相互作用啊！而你们看得见的人该能从中得到多少快乐啊！如果我能看到仅仅一场戏，我就会知道怎样在心中描绘出我用盲文字母读到或了解到的近百部戏剧的情节。所以，在我虚构的重见光明的第二晚，我没有睡成，整晚都在欣赏戏剧文学。

下一天清晨，我将再一次迎接黎明，急于寻找新的喜悦，因为我相信，对于那些真正看得见的人，每天的黎明一定是一个永远重复的新的美景。依据我虚构的奇迹的期限，这将是我有视觉的第三天，也是最后一天。我将没有时间花费在遗憾和热望中，因为有太多的东西要去看。第一天，我奉献给了我有生命和无生命的朋友。第二天，向我显示了人与自然的历史。今天，我将在当前的日常世界中度过，到为生活奔忙的人们经常去的地方去，而哪儿能像纽约一样找得到人们那么多的活动和那么多的状况呢？所以城市成了我的目的地。

我从我的家，长岛的佛拉斯特小而安静的郊区出发。这里，环绕着绿色草地。树木和鲜花，有着整洁的小房子，到处是妇女儿童快乐的声音和活动，非常幸福，是城里劳动人民安谧的憩息地。我驱车驶过跨越伊斯特河上的钢制带状桥梁，对人脑的力量和独创性有了一个崭新的印象。忙碌的船只在河中嘎嘎急驶——高速飞驶的小艇，慢悠悠、喷着鼻息的拖船。如果我今后还有看得见的日子，我要用许多时光来眺望这河中令人欢快的景象。我向前眺望，我的前面耸立着纽约——一个仿佛从神话的书页中搬下来的城市的奇异高楼。多么令人敬畏的建筑啊！这些灿烂的教堂塔尖，这些辽阔的石砌钢筑的河堤坡岸——真像诸神为他们自己修建的一般。这幅生动的画面是几百万人民每天生活的一部分。我不知道，有多少人会对它回头投去一瞥？只怕寥寥无几。对这个壮丽的景色，他们视而不见，因为这一切对他们是太熟悉了。我匆匆赶到那些庞大建筑物之一——帝国大厦的顶端，因为不久以前，我在那里凭借我秘书的眼睛"俯视"过这座城市，我渴望把我的想象同现实作一比较。我相信，展现在我面前的全部景色一定不会令我失望，因为它对我将是另一个世界的景色。此时，我开始周游这座城市。首先，我站在繁华的街角，只看看人，试图凭借对他们的观察去了解一下他们的生活。看到他们的笑颜，我感到快乐；看到他们的严肃的决定，我感到骄傲；看到他们的痛苦，我不禁充满同情。

我沿着第五大街散步。我漫然四顾，眼光并不投向某一特殊目标，而只看看万花筒般五光十色的景象。我确信，那些活动在人群中的妇女的服装色彩一定是一幅绝不会令我厌烦的华丽景色。然而如果我有视觉的话，我也许会像其他大多数妇女一样——对个别服装的时髦式样感到兴趣，而对大量的灿烂色彩不怎么注意。而且，我还确信，我将成为一位习惯难改的橱窗顾客，因为，观赏这些无数精美的陈列品一定是一种眼福。

从第五大街起，我作一番环城游览——到公园大道去，到贫民窟去，到工厂去，到孩子们玩耍的公园去，我还将参观外国人居住区，进行一次不出门的海外旅行。

我始终睁大眼睛注视幸福和悲惨的全部景象，以便能够深入调查，进一步了解人们是怎样工作和生活的。

我的心充满了人和物的形象。我的眼睛决不轻易放过一件小事，它争取密切关注它所看到的每一件事物。有些景象令人愉快，使人陶醉；但有些则是极其凄惨，令人伤感。对于后者，我绝不闭上我的双眼，因为它们也是生活的一部分。在它们面前闭上眼睛，就等于关闭了心房，关闭了思想。

我有视觉的第三天即将结束了。也许有很多重要而严肃的事情，需要我利用这剩下的几个小时去看，去做。但是，我担心在最后一个夜晚，我还会再次跑到剧院去，看一场热闹而有趣的戏剧，好领略一下人类心灵中的谐音。

到了午夜，我摆脱盲人苦境的短暂时刻就要结束了，永久的黑夜将再次向我迫近。在那短短的三天，我自然不能看到我想要看到的一切。只有在黑暗再次向我袭来之时，我才感到我丢下了多少东西没有见到。然而，我的内心充满了甜蜜的回忆，使我很少有时间来懊悔。此后，我摸到每一件物品，我的记忆都将鲜明地反映出那件物品是个什么样子。

【课文注释】

①海伦·凯勒（1880—1968）：美国现代女作家、教育家、社会活动家。《假如给我三天光明》是她创作于1933年的一篇散文。

②远足：也叫作徒步、行山或健行，并不是普通意义上的散步，可以理解为长途步行运动，也包含翻山越岭的长途步行。

【解析要点】

《假如给我三天光明》是引人入胜的，想象是那样丰富，文笔是那样流畅；但它之所以能深深地打动我们，还在于它的真挚而强烈的感情，在于它所给予读者的敞开心扉的亲切感。在这篇用第一人称写的、富于激情的作品里，作者倾诉了她对生活的礼赞，表达了她的生活态度。正由于文章是作者至性真情的流露，所以虽然整篇文章都是虚拟的，所记叙的事情多是非现实的，但我们感受到的却是最真实的情感。

在文章中，作者处处用视听健全的人来和自己做比，整篇文章都是用对比的手法来写的。作者在对比中表达了她的生活态度，人对生活要有强烈的紧迫感。缺乏这种态度，我们虽然视听健全，却有可能什么都看不见；具备了这一生活态度，你将会发现一个美丽的新世界在你面前敞开。这样的道理，我们也许不止一次听到过，但现在由作者这样一个五官三残的、用手来感知世界的人道来，不能不给我们以更强烈的震撼和更深的启迪。

遭遇到作者这样严重生理缺陷的人是少有的。但是对于作者，生活依然是美好的。作者以动人的、富于诗意的笔触，表达了她对生活的爱恋。作者在她虚构的三天里所集中表现的，乃是对人类生活的高度礼赞，它赞美了我们生于斯、长于斯、繁衍于斯的大自然，称颂了人类往昔的历程与现代的文明、灿烂的文化和沸腾的生活。在文学作品中，作家对自然、对历史的刻画与她的精神世界的深度是不可分的。作家在阐释自然、历史时也阐释了自己的心灵。在海伦对自然、历史、人的礼赞中，也体现了她对这一切的深刻理解。

透过这些，我们看到了一种坚韧不拔的精神、自我超脱的精神、追寻美和崇高的精神，这也正是引导人类迈向未来的精神。而只要这种精神还存在，海伦·凯勒的名字就不会被遗忘，《假如给我三天光明》就将为人们所珍视。正如罗斯福夫人为海伦的《我生活的故事》写的前言所说：这个故事是永远不会完结的。人类精神的美一旦被人认识，我们就永远不会忘记！

【思考题】

1. 阅读本文，谈谈你对海伦·凯勒性格的认识。

2. 这三天作者所看的内容，分别代表着什么？

3. 谈谈你阅读本文之后的感受。

综合实践课

“国是家，善作魂，勤为本，俭养德，诚立身，孝当先，和为贵。”齐家治国，修身为本。优秀的品质如藏在人身体内的宝藏，它比任何东西都更有价值，它会赋予我们无比巨大的力量。自信、乐观、坚韧、勇敢、进取、勤奋、善良、忠诚、敬业、负责、宽容、感恩……种种优秀的品质，你感悟最深的是哪一种？以小组为单位进行一次演讲，从不同角度进行一场思想的碰撞。

1. 活动名称：专题演讲。

2. 目的任务：通过专题演讲，加深对“修身”的理解，从而感动自己，感召别人，努力提高道德修养。

3. 活动程序：确定主题—搜集资料—撰写演讲稿—小组初赛—确定决赛人选—参加演讲决赛。

4. 活动成果：演讲稿。

5. 评价方案：评价要把“演”和“讲”紧密结合，从内容到形式进行综合评价。

（1）演讲的内容。演讲稿要主题明确，材料充实，结构合理，语言凝练。

（2）演讲的形式。演讲是语言加体态的艺术，要注意表情、手势等体态语言的运用，使“讲”达到艺术化的效果。

6. 活动建议：

（1）各组选代表参赛，但前期工作必须小组成员全体参与。

（2）演讲稿不得抄袭。

（3）演讲稿不宜过长，演讲要适当控制时间。

研究探索课

1. 选题指导

许多大师级的学者对建构“境界”理论有着浓厚的兴趣且做出了重要贡献。本专题我们学习了冯友兰先生的《人生的境界》。晚清学者王国维先生在他的《人间词话》里也提出过“人生三境界”：“古今之成大事业、大学问者，必经过三种之境界。‘昨夜西风凋碧树，独上高楼，望尽天涯路’，此第一境也；‘衣带渐宽终不悔，为伊消得人憔悴’，此第二境也；‘众里寻他千百度，回头蓦见，那人正在灯火阑珊处’，此第三境也。此等语皆非大词人不能道。然遽以此意解释诸词，恐晏、欧诸公所不许也。”

请比较二者“境界说”之异同，看看这两种理论之间有无传承与嬗变？

2. 研究方法与材料收集

以马克思主义唯物辩证法为基础，结合文献研究法、归纳法、演绎法、比较法等，理论联系实际进行研究。

3. 成果展示

以小论文形式展示，论文字数不少于1500字。

要求：言之成理，言之有据。应有自己的观点，不能是文献资料的拼接。

专题六　齐家彰文明

【专题导读】

自古以来，家是最小国，国是千万家。家风正，则国风盛；家风清，则国风淳。正如《礼记·大学》中所言："一家兴仁，则一国兴仁；一家兴让，则一国兴让。"

本专题选择的几篇文章以探讨家国关系及追寻精神家园为主题。《修身齐家》从感情的亲疏影响对事物认知的角度，给我们讲述了人性的劣根性，意在要求我们注重修身养性，这样才能"齐家"。《触龙说赵太后》给我们讲述了"触龙"从国家利益的角度如何说服赵太后用小儿子长安君作为人质，换取暂时国家太平的故事。全文围绕"说"展开，说理层层深入，议论精辟入微。《宝玉挨打》（节选）中贾政因宝玉结交贾府敌对势力忠顺王府的戏子琪官，又因贾环状告宝玉"强奸金钏儿未遂，金钏儿投井自杀"而大发雷霆，对宝玉实施杖刑，引发我们对家庭教育的思考。《神女峰》中的名句"与其在悬崖上展览千年，不如在爱人肩头痛哭一晚"引发我们对爱情与理想如何选择的思考。《郑伯克段于鄢》给我们讲述了姜氏因偏爱小儿子而与其策划谋反篡位最终失败的历史故事，文本用词深刻精微，应仔细涵泳。

这些文章有的探讨修身与齐家的关系，有的让我们思考传统家教与现代家教的异同，有的则让我们感慨个人命运与国家命运的休戚与共，有的给我们抛出了现代社会有关爱情或理想选择的难题，等等，这些都激发我们去思考"家"的多重意蕴。

学习本专题的文章要注重探究文章的主题及其现代意义，学习议论文说理的方法，体会文章语言的深刻性及精辟性，学会通过意象理解文章主题的多重性。

【学习目标】

1. 思政目标

（1）体会选文中表现的家国情怀，理解“修身”与“齐家”的关系。

（2）树立“家是最小国，国是千万家”的“大家”情怀，构筑自己的精神家园。

2. 知识目标

（1）掌握选文的字词，读准字音，读懂文意。

（2）在读懂文意的基础上，理解重点词句、段落，把握文章主题。

3. 能力目标

（1）学习选文的说理方法和艺术，并运用到日常的交流写作中去。

（2）通过参与课堂讨论，培养思辨能力，学会用辩证的眼光看待问题。

讲读课

礼记·修身齐家章

【课文导读】

本文选自《礼记·大学》，重点探讨了修身与齐家的关系：欲齐家，先修身。

喜欢一个人却能看到其缺点，厌恶一个人也能看到其优点；不因喜欢而偏爱，不因厌恶而远离；理性地认知事物，客观地看待问题。这些都是“修身”的目标。

本文语言整饬而多变，映带生姿，学习时应多读，感受节奏美与音乐美。文辞简短，内容深刻，学习时应重点理解“修身”的内涵，并思考其现代价值。

【原文】

所谓齐其家在修其身者：人之其所亲爱而辟[①]焉，之其所贱恶[②]而辟焉，之其所畏敬而辟焉，之其所哀矜[③]而辟焉，之其所敖惰[④]而辟焉。故好而知其恶，恶而知其美者，天下鲜矣。

故谚有之曰："人莫知其子之恶，莫知其苗之硕[⑤]。"

此谓身不修，不可以齐其家。

【课文注释】

①之：同"于"用法，意为"对于"。辟：偏见。

②贱恶：指所鄙视与厌恶的人。

③哀矜：同情，怜惜。

④敖惰：敖，同"傲"，傲慢。惰，懈怠。

⑤硕：茁壮。

【解析要点】

公平的待遇、公平的环境是人们共同的向往。古人说："公生明，偏生闇（即暗）。"（《荀子·不苟》）可是，在历史的实际进程中，又有多少人能维护公平、主持公道、享受公正呢？究其原因，不是没有公平公正的规范，也不是没有客观平等的制度，而是因为人性中存有的弱点，使人的行为受到局限，很难做到公正和公平。因此，我们每个人都应该通过学习与磨炼来提高自身的道德修养，这样才能形成真正公平公正的社会环境，而我们自己也会从中受益。这就是"我为人人，人人为我"。

【思考题】

1. 结合生活实例，你如何理解"人之其所亲爱而辟焉，之其所贱恶而辟焉"？

2. 你能否找出一个因个人偏爱而造成国家命运变化的历史故事，并加以评述？

触龙说赵太后

【课文导读】

《触龙说赵太后》是《战国策》中的名篇。本文讲述了在强秦压境的背景下，赵国求救于齐，而齐必须要以长安君做人质才肯出兵救援，群臣力谏，在赵太后严厉拒谏的危急时刻，触龙因势利导，以柔克刚，用“爱子则为之计深远”的道理说服赵太后，最终化解危机的历史故事。

全文围绕“说”字展开说理，循循善诱，层层深入。“从一爱字迎机而入，语语说向太后心坎里来。故并不露出必要长安君出质，而太后早已死心塌地。进言之妙，莫过于此。”（清朝唐德宜《古文翼》）

学习本文，应学习触龙的劝谏艺术及议论文的说理技巧，理解触龙的形象特点，还应重点思考本文提出的“爱子则为之计深远”对于家庭教育的意义。

【原文】

赵太后新用事[①]，秦急攻之。赵氏求救于齐，齐曰：“必以长安君为质[②]，兵乃出。”太后不肯，大臣强谏。太后明谓左右：“有复言令长安君为质者，老妇必唾其面。”

左师[③]触龙愿见太后，太后盛气而揖[④]之。入而徐趋，至而自谢，曰：“老臣病足，曾不能疾走，不得见久矣。窃自恕，而恐太后玉体之有所郄[⑤]也，故愿望见太后。”太后曰：“老妇恃辇而行。”曰：“日食饮得无衰乎？”曰：“恃鬻[⑥]耳。”曰：“老臣今者殊不欲食，乃自强步，日三四里，少益耆[⑦]食，和于身。”太后曰：“老妇不能。”太后之色少解。

左师公曰：“老臣贱息[⑧]舒祺，最少，不肖；而臣衰，窃爱怜之。愿令得补黑衣[⑨]之数，以卫王宫[⑩]。没死[⑪]以闻。”太后曰：“敬诺。年几何矣？”对曰：“十五岁矣。虽少，愿及未填沟壑[⑫]而托之。”太后曰：“丈夫亦爱怜其少子乎？”对曰：“甚于妇人。”太后笑曰：“妇人异甚。”对曰：“老臣窃以为媪之爱燕后[⑬]贤于长安君。”曰：“君过矣！不若长安君之甚。”左师公曰：“父母之爱子，则为之计深远。媪之送燕后也，持其踵[⑭]，为之泣，念悲其远也，亦哀之矣。已行，非弗思也，祭祀必祝之，祝曰：‘必勿使反[⑮]。’岂非计久长，有子孙相继为王也哉？”太后曰：“然。”

左师公曰：“今三世以前[⑯]，至于赵之为赵[⑰]，赵王之子孙侯者，其继有在者乎？”曰：“无有。”曰：“微独[⑱]赵，诸侯有在者乎？”曰：“老妇不闻也。”“此其近者祸及身，远者及其子孙。岂人主之子孙则必不善哉？位尊而无功，奉厚而无劳，而挟重器[⑲]多也。今媪尊长安君之位，而封之以膏腴之地，多予之重器，而不及今令有功于国，一旦山陵崩[⑳]，长安君何以自托于赵？老臣以媪为长安君计短也，故以为其爱不若燕后。”太后曰：“诺，恣君之所使之。”

于是为长安君约车百乘，质于齐，齐兵乃出。

子义[21]闻之，曰："人主之子也，骨肉之亲也，犹不能恃无功之尊，无劳之奉，而守金玉之重也，况人臣乎！"

【课文注释】

①赵太后：赵惠文王威后，赵孝成王之母。用事：执政，当权。

②长安君：赵太后幼子的封号。质：古代诸侯国求助于别国时，每以公子抵押，即人质。

③左师：春秋战国时宋、赵等国官制，有左师、右师，为掌实权的执政官。触龙言：原作"触詟"二字，据《史记·赵世家》改。

④揖：辞让。《史记·赵世家》"揖"作"胥"，胥为等待之意。义较胜。

⑤郄（xì）：通"隙"。有所郄，是身体有所不正常的委婉说法。

⑥鬻（zhōu）：粥的本字。

⑦耆（shì）：通"嗜"，喜爱。

⑧贱息：对自己儿子的谦称。

⑨黑衣：赵国侍卫所服，用以指代宫廷卫士。

⑩宫：原作"官"，从《史记·赵世家》改。

⑪没死：冒着死罪。臣对君的谦卑用语。

⑫填沟壑：对自己"死"的谦称。自比为贱民奴隶，野死弃尸于溪谷。

⑬燕后：赵太后之女，远嫁燕国为后。

⑭踵：足跟。女嫁乘舆辇将行，母不忍别，在车下抱其足而泣。

⑮反：同"返"。古代诸侯嫁女于他国为后，若非失宠被废、夫死无子，或亡国失位，是不回国的。

⑯三世以前：指赵武灵王。孝成王之父为惠文王，惠文王之父为武灵王。

⑰赵之为赵：前"赵"指赵氏，周穆王赐造父以赵城，始有赵氏；后"赵"指赵国。公元前 376 年，魏、韩、赵三家灭晋分其地。赵国有今山西中部、陕西东北角、河北西南部等地。经赵武灵王至惠文王时，疆域又有所扩大。

⑱微独：非独，不仅，不单。微，非，不。

⑲重器：指象征国家权力的贵重器皿。

⑳山陵：喻帝王，此处指赵太后。崩：喻帝王死。

㉑子义：赵国贤人。

【解析要点】

据《战国策：齐策四·齐使使者问赵威后》载，历史上的赵威后，并不是一个目光短浅、固执任性的老太太，而是一个有政治头脑的统治者。但她作为母亲，也和常人一样，溺爱小儿，不愿意让长安君去齐国做人质。

文章生动传神地描写了她由拒谏到纳谏的转变过程。文章一开始就写她摆出一副强横的面孔，但随着触龙劝谏的深入，她的情绪慢慢地随着触龙的劝谏一步步地改变。在力谏过程中，触龙的劝谏艺术也得到了淋漓尽致的彰显。他与一般大臣只强调国家利益，不关心长安君利益，一味强谏不同，他既关心国家利益，又关心长安君利益，并把两者统一起来。先从寒暄请安入手，消除紧张气氛；再提出共同关心的爱子问题；进而提出“爱子则为之计深远”的原则；最后用历史事实说明爱长安君就应该有功于国，把“爱子”与“爱国”统一起来，层层开导，步步深入，有理有情，终于说服了赵太后。

【思考题】

1. 触龙是如何说服赵太后的？

2. 面对触龙的循循善诱，赵太后的态度出现了什么样的变化？

3. 如果从“爱子则为之计深远”的角度，你是否赞成有些家长“我宁愿欠你一个快乐的少年，也不愿意看到你卑微的成年”的教育方法？请结合时事加以评述。

宝玉挨打（节选）

〔清〕曹雪芹

【课文导读】

本文节选自《红楼梦》，小说以宝玉和黛玉、宝钗三人的感情发展为线索，全方位多角度地展现封建大家族的荣辱兴衰史。小说视角丰富，意蕴深刻，犹如一个万花筒，从不同角度照见不同的世界。节选部分精彩地呈现了宝玉挨打的起因及过程，展现了封建大家庭的教育观。

学习本文，首先要学会用简洁的语言概括情节；其次，学会塑造人物形象的艺术手法；最后要重点理解封建大家庭父与子之间产生冲突的根源，并思考封建大家庭教育方法的时代意义。

【原文】

原来宝玉会过雨村回来听见了，便知金钏儿含羞赌气自尽，心中早又五内摧伤，进来被王夫人数落教训，也无可回说。见宝钗进来，方得便出来，茫然不知何往，背着手，低头一面感叹，一面慢慢的走着，信步来至厅上。刚转过屏门，不想对面来了一人正往里走，可巧儿撞了个满怀。只听那人喝了一声“站住!”宝玉唬了一跳，抬头一看，不是别人，却是他父亲，不觉的倒抽了一口气，只得垂手一旁站了。

贾政道：“好端端的，你垂头丧气嗐些什么？方才雨村来了要见你，叫你那半天你才出来；既出来了，全无一点慷慨挥洒谈吐，仍是葳葳蕤蕤委靡不振。我看你脸上一团思欲愁闷气色，这会子又唉声叹气。你那些还不足，还不自在？无故这样，却是为何?”宝玉素日虽是口角伶俐，只是此时一心总为金钏儿感伤，恨不得此时也身亡命殒，跟了金钏儿去。如今见了他父亲说这些话，究竟不曾听见，只是怔呵呵的站着。

贾政见他惶悚[①]，应对不似往日，原本无气的，这一来倒生了三分气。方欲说话，忽有回事人来回：“忠顺亲王府里有人来，要见老爷。”贾政听了，心下疑惑，暗暗思忖道：“素日并不和忠顺府来往，为什么今日打发人来?”一面想，一面令“快请”，急走出来看时，却是忠顺府长史官[②]，忙接进厅上坐了献茶。未及叙谈，那长史官先就说道：“下官此来，并非擅造潭府[③]，皆因奉王命而来，有一件事相求。看王爷面上，敢烦老大人作主，不但王爷知情，且连下官辈亦感谢不尽。”贾政听了这话，抓不住头脑，忙陪笑起身问道：“大人既奉王命而来，不知有何见谕，望大人宣明，学生好遵谕承办。”那长史官便冷笑道：“也不必承办，只用大人一句话就完了。我们府里有一个做小旦的琪官[④]，一向好好在府里，如今竟三五日不见回去，各处去找，又摸不着他的道路[⑤]，因此各处访察。这一城内，十停[⑥]人倒有八停人都说，他近日和衔玉的那位令郎相与甚厚。下官辈等听了，尊府不比别家，可以擅入索取，因此启明王爷。王爷亦云：‘若是别的戏子呢，一百个也罢了，只是这琪官随机应答，谨慎老诚，甚合我老人家的心，竟断断少不得此人。’故此求老大人转谕令郎，请将琪官放回，一则可慰王爷谆谆奉恳，二则下官辈也可免操劳求觅之苦。”说毕，忙打一躬。

贾政听了这话，又惊又气，即命唤宝玉来。宝玉也不知是何原故，忙赶来时，贾政便问："该死的奴才！你在家不读书也罢了，怎么又做出这些无法无天的事来！那琪官现是忠顺王爷驾前承奉的人，你是何等草芥，无故引逗他出来，如今祸及于我。"宝玉听了唬了一跳，忙回道："实在不知此事。究竟连'琪官'两个字不知为何物，岂更又加'引逗'二字！"说着便哭了。贾政未及开言，只见那长史官冷笑道："公子也不必掩饰。或隐藏在家，或知其下落，早说了出来，我们也少受些辛苦，岂不念公子之德？"宝玉连说不知："恐是讹传，也未见得"。那长史官冷笑道："现有据证，何必还赖？必定当着老大人说了出来，公子岂不吃亏？既云不知此人，那红汗巾子[⑦]怎么到了公子腰里？"宝玉听了这话，不觉轰去魂魄，目瞪口呆，心下自思："这话他如何得知！他既连这样机密事都知道了，大约别的瞒他不过，不如打发他去了，免的再说出别的事来。"因说道："大人既知他的底细，如何连他置买房舍这样大事倒不晓得了？听得说他如今在东郊离城二十里有个什么紫檀堡，他在那里置了几亩田地几间房舍。想是在那里也未可知。"那长史官听了，笑道："这样说，一定是在那里。我且去找一回，若有了便罢，若没有，还要来请教。"说着，便忙忙地走了。

贾政此时气的目瞪口歪，一面送那长史官，一面回头命宝玉"不许动！回来有话问你！"一直送那官员去了。才回身，忽见贾环带着几个小厮一阵乱跑。贾政喝令小厮"快打，快打！"贾环见了他父亲，唬的骨软筋酥，忙低头站住。贾政便问："你跑什么？带着你的那些人都不管你，不知往那里逛去，由你野马一般！"喝令叫跟上学的人来。贾环见他父亲盛怒，便乘机说道："方才原不曾跑，只因从那井边一过，那井里淹死了一个丫头，我看见人头这样大，身子这样粗，泡的实在可怕，所以才赶着跑了过来。"贾政听了惊疑，问道："好端端的，谁去跳井？我家从无这样事情，自祖宗以来，皆是宽柔以待下人。——大约我近年于家务疏懒，自然执事人[⑧]操克夺之权[⑨]，致使生出这暴殄轻生[⑩]的祸患。若外人知道，祖宗颜面何在！"喝令快叫贾琏、赖大、来兴。小厮们答应了一声，方欲叫去，贾环忙上前拉住贾政的袍襟，贴膝跪下道："父亲不用生气。此事除太太房里的人，别人一点也不知道。我听见我母亲说……"说到这里，便回头四顾一看。贾政知意，将眼一看众小厮，小厮们明白，都往两边后面退去。贾环便悄悄说道："我母亲告诉我说，宝玉哥哥前日在太太屋里，拉着太太的丫头金钏儿强奸不遂，打了一顿。那金钏儿便赌气投井死了。"

话未说完，把个贾政气的面如金纸，大喝"快拿宝玉来！"一面说，一面便往里边书房里去，喝令“今日再有人劝我，我把这冠带家私[11]一应[12]交与他与宝玉去！我免不得做个罪人，把这几根烦恼鬓毛剃去，寻个干净去处[13]自了，也免得上辱先人下生逆子之罪。”众门客仆从见贾政这个形景，便知又是为宝玉了，一个个都是啖指咬舌，连忙退出。那贾政喘吁吁直挺挺坐在椅子上，满面泪痕，一叠声“拿宝玉！拿大棍！拿索子捆上！把各门都关上！有人传信往里头去，立刻打死！”众小厮们只得齐声答应，有几个来找宝玉。

那宝玉听见贾政吩咐他“不许动”，早知多凶少吉，那里承望贾环又添了许多的话。正在厅上干转，怎得个人来往里头去捎信，偏生没个人，连焙茗也不知在那里。正盼望时，只见一个老妈妈出来。宝玉如得了珍宝，便赶上来拉他，说道：“快进去告诉：老爷要打我呢！快去，快去！要紧，要紧！”宝玉一则急了，说话不明白；二则老婆子偏生又聋，竟不曾听见是什么话，把“要紧”二字只听作“跳井”二字，便笑道：“跳井让他跳去，二爷怕什么？”宝玉见是个聋子，便着急道：“你出去叫我的小厮来罢。”那婆子道：“有什么不了的事？老早的完了。太太又赏了衣服，又赏了银子，怎么不了事的！”

宝玉急的跺脚，正没抓寻处，只见贾政的小厮走来，逼着他出去了。贾政一见，眼都红紫了，也不暇问他在外流荡优伶，表赠私物，在家荒疏学业，淫辱母婢等语，只喝令“堵起嘴来，着实打死！”小厮们不敢违拗，只得将宝玉按在凳上，举起大板打了十来下。贾政犹嫌打轻了，一脚踢开掌板的，自己夺过来，咬着牙狠命盖了三四十下。众门客见打的不祥了，忙上前夺劝。贾政那里肯听，说道：“你们问问他干的勾当可饶不可饶！素日皆是你们这些人把他酿[14]坏了，到这步田地还来解劝。明日酿到他弑君杀父，你们才不劝不成！”

【课文注释】

①惶悚（sǒng）：惶恐。悚，害怕，恐惧。

②长史官：总管王府内事务的官吏。从南朝起始设，以后各代王府都沿设。

③潭府：深宅大院。常用作对他人住宅的尊称。潭，深邃的样子。

④琪官：指蒋玉菡。

⑤道路：行踪，去向。

⑥停：总数分成几份，其中一份叫一停。

⑦汗巾子：系内裤用的腰巾，因近身受汗，故名。

⑧执事人：具体操办某件事务的人。

⑨克夺之权：生杀予夺之权。

⑩暴殄（tiǎn）轻生：暴殄，恣意糟蹋。殄，灭绝。轻生，不爱惜生命。

⑪冠带家私：冠带，帽子和束带，是官服的代称，这里代指官爵。家私，财产，代指家业。

⑫一应：所有的一切。

⑬烦恼鬓毛……干净去处：鬓毛，即头发，佛家称为“烦恼丝”。干净，佛家以为人世污浊不净，唯有佛门才能通向清净世界，即所谓净土。剃去烦恼鬓毛与寻个干净去处，都是出家当和尚的意思。

⑭酿：惯，纵容。

【解析要点】

宝玉挨打，分析起来，原因是多方面的，但总体来说反映了封建贵族大家庭教育的失败。一是宝玉受到社会上一些纨绔子弟的引诱，携妓饮酒，结交贾府敌对势力的优伶，让贾府处于危险境地。二是宝玉有失君子风范，与母婢调情，致使母婢羞愤而死。三是亲子关系处于疏离状态。贾政协音“假正”，虽不便说是“假正经”，但在教子上是十分无能的，既教育不来宝玉，也教育不了贾环，也不了解贾环，这是封建社会中做官而又无能的父辈人物的典型。在《红楼梦》故事中，贾赦对贾琏、贾珍对贾蓉，所谓“家法”者也大多如此。在这种家庭教育下，宝玉善良的心地、聪慧的资质，只在大观园中做“叛逆”，外面不过结交个优伶，偶然与纨绔子弟吃酒寻欢，这还算是好的了。其他贾蓉、贾琏、薛蟠之辈，其坏不堪言，那还用多说吗？贾环之心的龌龊卑劣也用不着多说了，而这个宝玉却挨了一顿饱打。

【思考题】

1. 宝玉挨打的原因有哪些？根本原因是什么？请结合文本概述。
2. 结合文本谈谈贾政的教育观念是什么？

神女峰[①]

舒 婷

【课文导读】

神女峰位于重庆巫山县以东，是巫山十二峰之一，有着古老而动人的传说。历代以来，文人骚客们赋予“神女”坚贞不二，哀婉动人的形象特点。

舒婷一反传统，从新奇的角度，精选生活场景，组合具有鲜明反差的意象，以特写的镜头，塑造了一个怀疑者、思考者、反叛者的形象，抒发了对女性生命价值的哲理思考。

学习本诗，一方面要了解朦胧诗歌的产生背景及其特点，另一方面要重点理解“与其在悬崖上展览千年，不如在爱人肩头痛哭一晚”所折射的现代女性爱情观，并从朦胧诗的角度思考本诗的多重主题。

【原文】

在向你挥舞的各色花帕中
是谁的手突然收回
紧紧捂住了自己的眼睛
当人们四散离去，谁
还站在船尾
衣裙漫飞，如翻涌不息的云
江涛
高一声
低一声
美丽的梦留下美丽的忧伤
人间天上，代代相传
但是，心
真能变成石头吗
为盼望远天的杳鹤
而错过无数次春江月明

沿着江岸
金光菊和女贞子[②]的洪流
正煽动新的背叛
与其在悬崖上展览千年
不如在爱人肩头痛哭一晚

【课文注释】

①神女峰：位于长江三峡，是巫峡十二峰中最为秀丽挺拔的胜景。传说神女是王母娘娘幼女瑶姬的化身，因助大禹斩石疏波有功于世，后人为之立神女庙并以之命名山峰。战国时楚人宋玉作《神女赋》，言楚襄王与其同游高唐时梦遇神女之事，赋中极言神女之美。当地民间另有传说：有船夫在长江汹涌的浪涛中淹没消失了，但他的妻子仍久久伫立山头等待，最后化身为石。

②女贞子：一种植物，越冬枝叶青翠不凋。古诗文中用以比喻有节操的女性。

【解析要点】

作为朦胧诗派的代表人物，舒婷的诗呈现出与传统诗歌不同的审美特征。对人道主义和人性复归的呼唤，对爱情自由大胆的追求构成了全诗的思想核心。

诗歌反映了女性对自身自由和解放的追求，同时批判了以人的幸福作为牺牲品的旧道德。在男权主义社会里，男性按自己的道德标准把女性定格在贤妻良母的位置上，以妇德来约束女性的行为。长此以往，女性不得不认同这些规范，并慢慢转化为自身道德律令。虽然被人赞誉为贞洁的典范，受后人膜拜，但却不能享受生命的快乐，这种荣誉是虚伪的。“不如在爱人肩头痛哭一晚”，是对真正爱情和生命的向往与追求，是对封建道德的强烈批判，也是对男权主义文化的声讨。最后一句“与其在悬崖上展览千年，不如在爱人的肩头痛哭一晚”，也可以说给我们抛出了一个两难的选择：在生活的苟且与诗意的远方之间，我们应该如何选择？

【思考题】

1. 找出本诗的主旨句，并探究其含义。

2. “与其在悬崖上展览千年，不如在爱人肩头痛哭一晚”表现了怎样的爱情观？你是否赞成，请分组讨论。

自读课

左传·郑伯克段于鄢[1]

【课文导读】

《郑伯克段于鄢》是《左传》中的一篇散文。主要讲述了姜氏因偏爱小儿子共叔段，并与其策划谋反篡位而引发的一场家国悲剧的历史故事。文章脉络清晰，以共叔段不断扩张势力为明线，以庄公欲擒故纵为暗线，情节曲折丰富，给我们再现了帝王家庭因有所偏爱而造成的兄弟之间激烈的政治冲突，读来令人深思。

文章语言生动简洁，用词深刻精辟，学习本文，要理解语言的深刻性，分析庄公的形象特点，并思考这一场家庭悲剧发生的根源。

【原文】

初，郑武公娶于申[2]，曰武姜[3]。生庄公及共叔段。庄公寤生[4]，惊[5]姜氏，故名曰“寤生”，遂恶之。爱共叔段，欲立之，亟[6]请于武公，公弗许。及庄公即位，为之请制[7]。公曰：“制，岩邑[8]也，虢叔[9]死焉，佗邑唯命。”请京[10]，使居之，谓之“京城大叔”[11]。

祭仲曰：“都城过百雉，国之害也[12]。先王之制：大都，不过参国之一[13]；中，五之一；小，九之一。今京不度[14]，非制也，君将不堪。”公曰：“姜氏欲之，焉辟害[15]？”对曰：“姜氏何厌之有？不如早为之所[16]，无使滋蔓。蔓难图也。蔓草犹不可除，况君之宠弟乎？”公曰：“多行不义，必自毙[17]，子姑待之。”

既而大叔命西鄙北鄙贰于己[18]。公子吕[19]曰：“国不堪贰[20]，君将若之何？欲与大叔，臣请事之；若弗与，则请除之，无生民心[21]。”公曰：“无庸[22]，将自及[23]。”大叔又收贰以为己邑[24]，至于廪延[25]。子封曰：“可矣。厚将得众[26]。”公曰：“不义不暱[27]，厚将崩。”

大叔完聚，缮甲兵，具卒乘[28]，将袭郑。夫人将启之[29]。公闻其期，曰：“可矣！”命子封帅车二百乘以伐京。京叛大叔段。段入于鄢，公伐诸鄢。五月辛丑[30]，大叔出奔共[31]。

书曰："郑伯克段于鄢。"段不弟[32]，故不言弟；如二君，故曰克；称郑伯，讥失教也；谓之郑志。不言出奔，难之也[33]。

遂置姜氏于城颍[34]，而誓之曰："不及黄泉，无相见也。"既而悔之。颍考叔为颍谷封人[35]，闻之，有献于公。公赐之食。食舍肉。公问之，对曰："小人有母，皆尝小人之食矣，未尝君之羹。请以遗[36]之。"公曰："尔有母遗，繄[37]我独无！"颍考叔曰："敢问何谓也？"公语之故，且告之悔。对曰："君何患焉？若阙[38]地及泉，隧[39]而相见，其谁曰不然？"公从之。公入而赋："大隧之中，其乐也融融[40]！"姜出而赋："大隧之外，其乐也泄泄[41]！"遂为母子如初。（泄泄一作：洩洩）

君子曰[42]："颍考叔，纯孝也。爱其母，施及[43]庄公。《诗》曰：'孝子不匮，永锡尔类[44]。'其是之谓乎？"

【课文注释】

①本篇选自《左传·隐公元年》。"郑伯克段于鄢"本是史书《春秋》里的一句话，意思是郑庄公在鄢地打败了共叔段。后来，《左传》的作者将这句话铺叙成为一篇文章，即本篇课文。郑伯：即郑庄公。郑国当时是伯爵级的诸侯国，姬姓，所以称它的国君为郑伯。段：郑庄公之弟，即下文所称"大叔"或"共叔段"。鄢：地名，在今河南鄢陵县境。

②初：当初，指郑庄公的父亲郑武公在位时期。娶于申：指郑武公娶了申国的女儿。申：国名，姜姓，在今河南南阳一带。

③曰武姜：称为武姜。当时女子出嫁常系母家的姓，以表示她原属哪家。这句指郑武公妻姜氏，下文即称姜氏。

④寤（wù）生：逆生，即难产。

⑤惊：使惊，使动用法。

⑥亟（qì）：多次，屡次。

⑦制：地名，在今河南荥阳汜水镇西。

⑧岩邑：险要的城邑。

⑨虢（guó）叔：东虢国国君，他曾仗恃据有险要的地势而不修德政，后为郑武公所灭，死在制这个地方。

⑩京：郑邑，在今河南阳东南。

⑪大：同"太"。大叔：即太叔，是对段的尊称。

⑫祭（zhài）仲：郑国大夫。雉：古代度量单位，长三丈高一丈为一雉。当时制

度对诸侯国的都城城墙及下属的城邑的城墙高度、长度都有严格规定，不能超过规定。国之害：指京地城墙超百雉，是郑国的祸患。

⑬参国之一：国都（城墙）的三分之一。参，同“叁”，即三。

⑭不度：不符合先王制定的制度，指京邑城墙超过规定的高度、长度。

⑮焉辟害：怎么能够避开祸害？焉，句首疑问词。辟，同“避”。

⑯所：处所。这句意思是：早一点给段安排另一个处所，调出京地以便控制。

⑰自毙：自取灭亡。毙：原意是因病或受伤而倒下，这里是引申义。

⑱既而：不久。鄙：边邑。贰：二属，属二主。指西鄙、北鄙原直属郑国国君，段又命这二邑属于他。

⑲公子吕：郑大夫，字子封。

⑳国不堪贰：一个国家受不了两个君主的统治。

㉑无生民心：不要使郑国人民生二心。

㉒无庸：不用。庸，同“用”。

㉓将自及：将自取其祸。

㉔收贰为己邑：指原两属的边邑收为自己独属邑。

㉕廪延：郑国城邑名，在今河南延津北。

㉖厚：指土地扩大。得众：得到民众。

㉗不义不暱（nì）：对国君不义，对兄长不亲。暱，同“昵”，亲近。

㉘完聚：修治城郭，聚集民众。缮甲兵：修理盔甲兵器。具卒乘：准备好士卒及战车。

㉙夫人将启之：姜氏将为段打开国都城门，指做内应。

㉚五月辛丑：鲁隐公元年五月二十三日。

㉛共：共国，诸侯国名，在今河南辉县境。

㉜不弟：不守为弟之道。《春秋》记载道：“郑伯克段于鄢”意思是共叔段不遵守作为弟弟的本分。

㉝不言出奔，难之也：不言共叔段自动出奔，是史官下笔有为难之处。

㉞颍：邑名，在今河南临颍县西北。

㉟颍考叔：郑大夫。颍谷：郑边邑，今河南登封县西南。封人：管理边界的官员。

㊱遗（wèi）：赠送。

㊲繄（yì）：句首语气助词。意思及作用与“惟”相近。

㊳阙：通“掘”。

㊴隧：地道，这里用作动词，挖地道。

㊵融融：和乐的样子。

㊶泄（yì）泄：舒畅的样子。

㊷君子曰：这是作者在文末用来发表自己意见，对所记事件进行议论的方式。

㊸施（yì）及：推广到。

㊹“《诗》曰”二句：《诗》即《诗经》，这二句诗原出《诗经·大雅·既醉》。匮（kuì），尽。

【解析要点】

文章记叙郑国王室内部势力之间的权力之争，既涉及政治、军事利益，也牵涉到母子情、手足情，是一场家庭悲剧，读起来扣人心弦。

首先写庄公寤生，使姜氏受到惊吓，姜氏因而喜爱次子段。段在母亲的暗中支持下，谋夺君王之位，逐步扩张他的势力。郑庄公老谋深算，城府极深。他对母亲和胞弟的阴谋，早已心知肚明，却一直按兵不动，摆出姜太公钓鱼，愿者上钩的姿态，欲擒故纵，最后师出有名。作为国君，他精明强干，运筹帷幄，对事情的发展洞若观火，是一位深谋远虑的政治家；但作为兄长，他对胞弟的越轨行为，不及时加以教导和劝阻，却一味放纵，终于酿成母子决裂、手足相残的惨剧。他的阴险狠毒的丑恶面目被暴露无遗，史官对此也深为不满。庄公最后将母亲囚禁在城颍，“既而悔之”，在大臣颍考叔的设计安排下，母子两人在隧道中相见，关系恢复如初，庄公当时说：“大隧之中，其乐也融融！”他的另一个性格——虚伪也被揭露了出来。

【思考题】

1. 郑庄公知道弟弟有谋逆之心，为何不扼杀在摇篮里？

2. 郑庄公与姜氏最后和好如初，他是真情还是假意？

我与地坛（节选）

史铁生

【课文导读】

《我与地坛》是史铁生的一篇著名的哲理性散文。1972 年他因病致瘫，终生只能在轮椅上度过。他体验到的是生命的苦难，而在苦难的背后却蕴含着健全而丰满的思想，用苦难造就了生命的阳光，照亮了众多人日益幽暗的内心，传达给读者存在的明朗与欢乐，史铁生有他的“地坛”，我想我们也有。

本文节选自《我与地坛》中的第一节，文本写了“我”与地坛的故事，表达了我对“生命”的感悟，并且想清楚了三个问题：“我”要不要去死，“我”为什么出生，“我”该怎样活。

学习本文，应赏析景物描写的特色及其蕴含的哲思，重点理解“地坛”对于史铁生的意义。

【原文】

我在好几篇小说中都提到过一座废弃的古园，实际就是地坛。许多年前旅游业还没有开展，园子荒芜冷落得如同一片野地，很少被人记起。

地坛离我家很近。或者说我家离地坛很近。总之，只好认为这是缘分。地坛在我出生前四百多年就坐落在那儿了，而自从我的祖母年轻时带着我父亲来到北京，就一直住在离它不远的地方——五十多年间搬过几次家，可搬来搬去总是在它周围，而且是越搬离它越近了。我常觉得这中间有着宿命的味道：仿佛这古园就是为了等我，而历尽沧桑在那儿等待了四百多年。

它等待我出生，然后又等待我活到最狂妄的年龄上忽地残废了双腿。四百多年里，它一面剥蚀了古殿檐头浮夸的琉璃，淡褪了门壁上炫耀的朱红，坍圮了一段段高墙又散落了玉砌雕栏，祭坛四周的老柏树愈见苍幽，到处的野草荒藤也都茂盛得自在坦荡。这时候想必我是该来了。十五年前的一个下午，我摇着轮椅进入园中，它为一个失魂落魄的人把一切都准备好了。那时，太阳循着亘古不变的路途正越来越大，也越红。在满园弥漫的沉静光芒中，一个人更容易看到时间，并看见自己的身影。

自从那个下午我无意中进了这园子，就再没长久地离开过它。我一下子就理解了它的意图。正如我在一篇小说中所说的："在人口密聚的城市里，有这样一个宁静的去处，像是上帝的苦心安排。"

两条腿残废后的最初几年，我找不到工作，找不到去路，忽然间几乎什么都找不到了，我就摇了轮椅总是到它那儿去，仅为着那儿是可以逃避一个世界的另一个世界。我在那篇小说中写道："没处可去我便一天到晚耗在这园子里。跟上班下班一样，别人去上班我就摇了轮椅到这儿来。园子无人看管，上下班时间有些抄近路的人们从园中穿过，园子里活跃一阵，过后便沉寂下来。""园墙在金晃晃的空气中斜切下一溜荫凉，我把轮椅开进去，把椅背放倒，坐着或是躺着，看书或者想事，撅一杈树枝左右拍打，驱赶那些和我一样不明白为什么要来这世上的小昆虫。""蜂儿如一朵小雾稳稳地停在半空；蚂蚁摇头晃脑捋着触须，猛然间想透了什么，转身疾行而去；瓢虫爬得不耐烦了，累了祈祷一回便支开翅膀，忽悠一下升空了；树干上留着一只蝉蜕，寂寞如一间空屋；露水在草叶上滚动、聚集，压弯了草叶轰然坠地摔开万道金光。""满园子都是草木竞相生长弄出的响动，窸窸窣窣窸窸窣窣片刻不息。"这都是真实的记录，园子荒芜但并不衰败。

除去几座殿堂我无法进去，除去那座祭坛我不能上去而只能从各个角度张望它，地坛的每一棵树下我都去过，差不多它的每一米草地上都有过我的车轮印。无论是什么季节，什么天气，什么时间，我都在这园子里呆过。有时候待一会儿就回家，有时候就待到满地上都亮起月光。记不清都是在它的哪些角落里了。我一连几小时专心致志地想关于死的事，也以同样的耐心和方式想过我为什么要出生。这样想了好几年，最后事情终于弄明白了：一个人，出生了，这就不再是一个可以辩论的问题，而只是上帝交给他的一个事实；上帝在交给我们这件事实的时候，已经顺便保证了它的结果，所以死是一件不必急于求成的事，死是一个必然会降临的节日。这样想过之后我安心多了，眼前的一切不再那么可怕。比如你起早熬夜准备考试的时候，忽然想起有一个长长的假期在前面等待你，你会不会觉得轻松一点？并且庆幸并且感激这样的安排？

剩下的就是怎样活的问题了，这却不是在某一个瞬间就能完全想透的、不是一次性能够解决的事，怕是活多久就要想它多久了，就像是伴你终生的魔鬼或恋人。所以，十五年了，我还是总得到那古园里去，去它的老树下或荒草边或颓墙旁，去默坐，去呆想，去推开耳边的嘈杂理一理纷乱的思绪，去窥看自己的心魂。十五年中，这古园的形体被不能理解它的人肆意雕琢，幸好有些东西是任谁也不能改变它的。譬如祭坛石门中的落日，寂静的光辉平铺的一刻，地上的每一个坎坷都被映照得灿烂；譬如在园中最为落寞的时间，一群雨燕便出来高歌，把天地都叫喊得苍凉；譬如冬天雪地上孩子的脚印，总让人猜想他们是谁，曾在哪儿做过些什么，然后又都到哪儿去了；譬如那些苍黑的古柏，你忧郁的时候它们镇静地站在那儿，你欣喜的时候它们依然镇静地站在那儿，它们没日没夜地站在那儿，从你没有出生一直站到这个世界上又没了你的时候；譬如暴雨骤临园中，激起一阵阵灼烈而清纯的草木和泥土的气味，让人想起无数个夏天的事件；譬如秋风忽至，再有一场早霜，落叶或飘摇歌舞或坦然安卧，满园中播散着熨帖而微苦的味道。味道是最说不清楚的。味道不能写只能闻，要你身临其境去闻才能明了。味道甚至是难于记忆的，只有你又闻到它你才能记起它的全部情感和意蕴。所以我常常要到那园子里去。

【解析要点】

地坛，在史铁生的心中，不仅是一座废弃了的故园，更是精神栖息的家园和疗愈心灵伤痛的场所。生死之思往往源于生命遭遇了惨烈的痛苦与挫折，而这种痛苦与挫折，或源自肉体的折磨，或源自精神的创伤，或二者兼而有之。作为一个有思想的人，他不但要在痛苦中思索“死亡”问题，还要在痛苦中寻觅生存的理由。

在他孤独地藏匿到罕有人至的地坛、独自舔舐伤口之时，那“淡褪了朱红”、沉默了四百年的地坛与他的心灵产生了深深的共鸣。他和地坛都曾有过美好的过去，现在，都面临着同样的失意。不同的是，他与地坛虽然有着同样的遭遇，但却有着不同的内蕴与气质。他烦躁，“地坛”沉静；他逃避，“地坛”从容。这是一次最为倾心的相遇，从相识相伴，到相知相融，地坛于他已不是一座简单的荒废的古园，也不是一个冰冷的非生命的存在，它让作者找到了生命的意义，是作者的精神家园。

【思考题】

1. “地坛”给作者以生命的启迪，读后你得到了哪些生命的启迪呢？

2. 面对人生的苦难，“我们要诗意地栖居在大地上”。结合文本谈谈我们如何做到“诗意地栖居”。

综合实践课

自古以来，岭南人才辈出，有革命家孙中山、文学家张九龄、思想家康有为、音乐家冼星海等，他们在时代的洪流中独领风骚。他们是时代的先驱、国家的栋梁，他们也是家族的荣光、子孙的榜样。他们的家风家规、家教传统，仍然具有重要的时代价值。

参考下面的活动提示，选择其中一个岭南名人，走访名人故居，查询相关的资料，了解名人的家庭背景，搜集名人的家信家书，整理名人的家风故事，总结名人的家教传统，写一篇《岭南名人家风建设调查报告》。

1. 活动名称：岭南名人家风建设调查。

2. 目的任务：做名人资料 PPT，完成调查报告。

3. 活动程序：选定对象—制定活动方案—查找资料—编写调查提纲—实地调查—拍摄视频—完成调查 PPT—撰写调查报告。

4. 评价方案：活动分小组进行，各小组须自行设计自评表和互评表，根据前期准备工作情况、调查过程中完成情况、调查后资料整理情况、调查报告撰写情况等进行综合评价。

5. 活动建议：

（1）首先要选择名人，拟订调查方案。

（2）走访名人故居，要规划调查路线，确定调查重点。

（3）运用查阅资料，实地考察等方法获得的资料大都会比较零散，需要对资料进行分类整理。

（4）对资料做深入的筛选分析，完成调查报告。

附录：调查报告结构表（示例）

标题	标题应概括调查的主要内容
摘要	简要概括报告内容，语言应简明清晰
目录	列出报告包含哪几部分
调查背景与目标	调查的背景和设定的目标
调查步骤与方法	运用的步骤和方法

续上表

内容与分析	调查的主要问题，以及对这些信息的分析。这是调查报告的主体部分，可以分成若干段落
结论	总结调查的主要内容，提出自己的看法
建议	简要提出解决问题的措施
参考资料	列出参考的文献资料及其来源

研究探索课

1. **选题指导**

我想，你们连成长过程中都有经历或者听闻很多因感情亲疏影响对事物认知的事例。本专题就讲到了“修身”的内容，其中提到了“人之其所亲爱而辟焉，之其所贱恶而辟焉”。这里讲的就是因亲近有所偏爱，或者因厌恶而有所偏袒。请你从身份、职业、学历、年龄等角度，围绕上面其中一个点，展开探索，运用相关方法，探究“人之其所亲爱而辟焉”或“人之其所贱恶而辟焉”受到哪些因素的影响，从而更好地修炼自己，提升内在修养。

2. **研究方法与材料收集**

以马克思主义唯物辩证法为基础，结合访谈法、调查法、归纳法等方法进行研究。

3. **成果展示**

以小论文形式展示，论文字数不少于1500字。

要求：论点清晰，论据充分，论证有力。

专题七　治国惠百姓

【专题导读】

中国古代的知识分子，向来注重“修身齐家”，并进而“治国平天下”，他们“学而优则仕”，总是责无旁贷地担负起应有的社会责任。自古以来，胸怀天下忧国忧民，就是我国历代仁人志士薪火相传的优良传统。

“仁以为己任，不亦重乎？死而后已，不亦远乎”“致君尧舜上，再使风俗淳”“居庙堂之高则忧其民，处江湖之远则忧其君”“位卑未敢忘忧国”“我以我血荐轩辕”，面对国家兴亡，无数“匹夫”“先天下之忧而忧，后天下之乐而乐”，以天下为己任，时刻关注着国家兴衰与百姓疾苦。怀抱着“为天地立心，为生民立命，为往圣继绝学，为万世开太平”的灼灼志向，前赴后继，矢志不渝。正因如此，他们才光照千古，泽被后人。

时至今日，跨入新世纪的大门，站在中华民族伟大复兴的中国梦的征程上，面对全球化浪潮的冲击，我们应当以何种姿态迎接这一切、承担这一切，依然值得深思。而历朝历代志士仁人用他们的生命书写的优良传统，可以为我们指明方向。

继往，继承的是泱泱华夏的无上荣耀；开来，开创的是中华儿女的光辉前程。

【学习目标】

1. 思政目标

（1）体味诗文作者们的家国情怀，以及“为时而著”“为事而作”的使命担当。

（2）学习爱国英雄们的爱国事迹，培养学生勇敢、奉献、为国家奋斗终生的爱国主义精神。

2. 知识目标

（1）掌握所选诗文基本的字词句法，为准确把握诗文奠定基础。

（2）反复诵读，运用场景还原与身临其境的方法，探究诗文意境。

3. 能力目标

（1）学习诗文遣词造句的方法，并学会运用到日常生活与写作中。培养描写人物、叙述事件、表达情感的能力。

（2）运用知人论世的理论，结合诗文创作背景，培养诗文鉴赏能力与审美洞察力。

讲读课

论语（四则）

【课文导读】

《论语》，成书于战国前期。全书共 20 篇 492 章，以语录体为主，叙事体为辅，较为集中地体现了孔子及儒家学派的政治主张、伦理思想、道德观念、教育原则等。作品辞约义富，形象生动，主要特点是语言简练，浅近易懂，而用意深远，有一种雍容和顺、纡徐含蓄的风格，能在简单的对话和行动中展示人物形象。

【原文】

1. 子曰：“为政以德，譬如北辰[①]居其所，而众星共[②]之。”

——《为政篇第二》

2. 子曰：“道[3]千乘[4]之国，敬事而信，节用而爱人[5]，使民以时。”

——《学而篇第一》

3. 子曰：“道之以政，齐之以刑，民免而无耻[6]；道之以德，齐之以礼，有耻且格。”

——《为政篇第二》

4. 哀公问曰：“何为则民服？”孔子对曰：“举直错[7]诸枉，则民服；举枉错诸直，则民不服。”

——《为政篇第二》

【课文注释】

①北辰：北极星。

②共：同“拱”，环绕。

③道：治理。

④乘（shèng）：四匹马拉一辆车，为一乘。

⑤人：古代指士大夫以上各阶层的人，与“民”相对。

⑥无耻：指没有以犯罪为耻辱的观念。

⑦错：放置。

【解析要点】

中国古代的士，志在政治，他们积极提出自己对于社会政治的看法，期望能得到统治者的赏识，推行自己的政治主张，使国泰民安天下太平。孔子即是如此。他带领弟子周游列国，为的就是实现自己的政治主张。本专题选择《论语》中四则条目，管中窥豹，来分析孔子在政治方面的主张。

其一，以德治国，被封建统治者长期奉为正统思想。孔子提出德治，主张以道德教育感化、教育人，这是一种心理上的改造，使人心良善，知道耻辱而无奸邪之心。

其二，人才。要推行自己的政治主张，就必须用人得当，否则再好的政治主张也无法实现。

其三，民心。以道德教育感化、教育人，用人得当，国家就可以安定，人民就可以安居乐业，统治者就可以获得民心。

孔子思想虽然以语录体的形式呈现，但是其系统性非常强。

【思考题】

1. 谈谈古代的以德治国和现在的以德治国有什么异同。

2. 以本专题的选文为例，谈谈儒家思想的现实意义。

鄘风·载驰

〔春秋〕许穆夫人

【课文导读】

本诗为许穆夫人所作。许穆夫人是中国文学史上第一位女诗人，也是世界文学史上第一位女诗人。她是卫国人，据《左传·闵公二年》（闵公二年，前660）记载："冬十二月，狄人伐卫，卫懿公好鹤，鹤有乘轩者，将战，国人受甲者，皆曰'使鹤'。……及狄人战于荥泽，卫师败绩。"卫国被狄人占领以后，许穆夫人心急如焚，星夜兼程赶到漕邑，吊唁祖国的危亡，写下了这首《载驰》。本诗思想性强，在强烈的矛盾冲突中表现了深厚的爱国主义思想。

【原文】

载驰载[①]驱，归唁卫侯[②]。驱马悠悠[③]，言至于漕[④]。大夫[⑤]跋涉，我心则忧。

既不我嘉[⑥]，不能旋反。视尔不臧[⑦]，我思不远[⑧]。既不我嘉，不能旋济[⑨]？视尔不臧，我思不閟[⑩]。

陟彼阿丘[⑪]，言采其蝱[⑫]。女子善怀[⑬]，亦各有行[⑭]。许人尤之[⑮]，众稚[⑯]且狂。

我行其野，芃芃[⑰]其麦。控于大邦[⑱]，谁因谁极[⑲]？大夫君子，无我有尤。百尔所思，不如我所之[⑳]。

【课文注释】

①载（zài）：语助词。

②唁（yàn）：向死者家属表示慰问，此处不仅是哀悼卫侯，还有凭吊宗国危亡

之意。卫侯：指作者之兄，已死的卫戴公申。

③悠悠：远貌。

④漕：地名。毛传："漕，卫东邑。"

⑤大夫：指许国赶来阻止许穆夫人去卫的许臣。

⑥嘉：认为好，赞许。

⑦视：表示比较。臧：善。

⑧思：忧思。远：摆脱。

⑨济：止。

⑩閟（bì）：同"闭"，闭塞不通。

⑪陟（zhì）：登。阿丘：有一边偏高的山丘。

⑫言：语助词。蝱（méng）：贝母草。采蝱治病，喻设法救国。

⑬怀：怀恋。

⑭行：指道理、准则，一说道路。

⑮许人：许国的人们。尤：责怪。

⑯众：众人。穉（zhì）：同"稚"，幼稚。

⑰芃（péng）芃：草茂盛貌。

⑱控：往告，赴告。

⑲因：亲也，依靠。极：至，指来援者的到达。

⑳之：往，指行动。

【解析要点】

全诗分为四章，每章句数、字数多有变化，只因作者的叙事抒情是从现实生活出发，从现实所引起的内心矛盾出发，因而其思想感情亦复杂多变。诗歌的形式随着内容的发展而发展，形成不同的语言和不同的节奏。

第一章，交代本事：当诗人听到卫国灭亡、卫侯逝世的凶讯后，立即快马加鞭，奔赴漕邑，向兄长的家属表示慰问。可是目的地未到，她的丈夫许穆公便派遣大夫跋山涉水，兼程而至，劝她马上停止前进。

第二章便开始写许穆夫人与许国大夫之间的激烈矛盾。

第三章矛盾没有前面那么激烈，诗的节奏渐渐放慢，感情也渐渐缓和。写被阻不能去卫国的许穆夫人，心头忧思重重，一会儿登上高山以舒解愁闷，一会儿又采摘草药贝母以治疗抑郁而成的心病。

第四章写她归途所思。此时夫人行迈迟迟，一路上考虑如何拯救祖国。

最后四句承前而言，写归途中许穆夫人一边想向齐国求救，求救不成，又对劝阻她的许大夫心怀愤懑。

通读此诗，可知许穆夫人是一个颇有主张的人，她的救国之志、爱国之心始终不渝。全诗至此戛然而止，但语尽而意不尽，一唱三叹，余味无穷。

【思考题】

1. 分析许穆夫人的性格特征。
2. 谈谈许国大夫阻止许穆夫人吊唁祖国的原因。
3. 结合《诗经》的艺术特色，分析此诗。

刑赏忠厚之至论[1]

〔宋〕苏轼

【课文导读】

这是宋仁宗嘉祐二年（1057）苏轼参加礼部进士考试时创作的文章，是一篇典型的应试文。宋代王安石执政后，立即对取士制度进行改革，废止了考诗赋，而改用经义，以发表政治见解的时务策论作为考试的主要内容，以便选拔一些通经致用的人才，为变法服务。这种政论性文体称为策论。策论大多要求考生就一些问题展开论述，即论证某项国家政策或对策的可行性与合理性，侧重于考查考生解决问题的能力。“刑赏忠厚之至论”就是宋嘉祐二年礼部进士考试策论的题目。

【原文】

尧、舜、禹、汤、文、武、成、康之际，何其爱民之深，忧民之切，而待天下以君子长者之道也。有一善，从而赏之，又从而咏歌嗟叹之，所以乐其始而勉其终。有一不善，从而罚之，又从而哀矜惩创[2]之，所以弃其旧而开其新。故其吁俞[3]之声，欢休惨戚[4]，见于虞、夏、商、周之书[5]。成、康既没，穆王立，而周道始衰，然犹命其臣吕侯[6]，而告之以祥刑[7]。其言忧而不伤，威而不怒，慈爱而能断，恻然有哀怜无辜之心，故孔子犹有取焉。

《传》曰：“赏疑从与[8]，所以广恩也；罚疑从去[9]，所以慎刑也。”当尧之时，皋陶为士[10]。将杀人，皋陶曰“杀之”三，尧曰“宥[11]之”三。故天下畏皋陶执法之坚，而乐尧用刑之宽。四岳曰“鲧可用”[12]，尧曰“不可，鲧方命圮族[13]”，既而曰“试之”。何尧之不听皋陶之杀人，而从四岳之用鲧也？然则圣人之意，盖亦可见矣。

《书》[14]曰：“罪疑惟轻，功疑惟重。与其杀不辜，宁失不经[15]。”呜呼，尽之矣。可以赏，可以无赏，赏之过乎仁；可以罚，可以无罚，罚之过乎义。过乎仁，不失为君子；过乎义，则流而入于忍人[16]。故仁可过也，义不可过也。古者赏不以爵禄，刑不以刀锯。赏之以爵禄，是赏之道行于爵禄之所加[17]，而不行于爵禄之所不加也。刑之以刀锯，是刑之威施于刀锯之所及，而不施于刀锯之所不及也。先王知天下之善不胜赏，而爵禄不足以劝也；知天下之恶不胜刑，而刀锯不足以裁也。是故疑[18]则举而归之于仁，以君子长者之道待天下，使天下相率而归于君子长者之道。故曰：忠厚之至也。

《诗》[19]曰：“君子如祉[20]，乱庶遄[21]已。君子如怒，乱庶遄沮[22]。”夫君子之已乱[23]，岂有异术哉？时其喜怒[24]，而无失乎仁而已矣。《春秋》之义，立法贵严，而责人贵宽。因其褒贬之义[25]，以制赏罚，亦忠厚之至也。

【课文注释】

①刑赏忠厚之至论：出自《尚书·大禹谟》伪孔安国的注文：“刑疑附轻，赏疑从重，忠厚之至。”

②哀矜（jīn）惩创：怜惜惩戒。

③吁俞（xūyú）：惊叹应答。俞，表示应允。

④欢休：和善。惨戚：悲哀。

⑤虞、夏、商、周之书：指《尚书》，分《虞书》《夏书》《商书》《周书》四部分。

⑥吕侯：人名，一作甫侯，周穆王之臣，为司寇。周穆王用他的言论作刑法。

⑦祥刑：善用刑罚。

⑧赏疑从与：行赏时如果有可疑的，宁可照赏。

⑨罚疑从去：处罚时如果有可疑的，宁可不罚。

⑩皋陶（gāo yáo）：古代传说中的人物。传说他是中国上古黄帝的长子少昊的后裔。士：狱官。

⑪宥（yòu）：宽恕，饶恕。

⑫四岳：唐尧之臣，羲和之四子，分掌四方之诸侯。一说为一人名。鲧：传说大禹之父，四凶之一。

⑬方命圮（pǐ）族：违抗命令，毁害族类。方命，逆名。圮族，犹言败类。

⑭《书》：指《尚书》。以下引文出自《尚书·大诰》。

⑮宁失不经：宁可犯不守成法办事的错误。经，成法。

⑯忍人：性情狠戾之人。

⑰是赏之道行于爵禄之所加：这样，奖赏的作用只落到能得到爵位和俸禄的人身上。

⑱疑：指赏罚不能确定。

⑲《诗》：指《诗经》。以下引文出自《诗经·小雅·巧言》。

⑳祉（zhǐ）：福，引申为喜欢。

㉑遄（chuán）：快，迅速。

㉒沮（jǔ）：停止。

㉓已乱：制止祸乱。

㉔怒：指听到谗言发怒。

㉕因其褒贬之义：指根据《春秋》褒善贬恶的原则。

【解析要点】

这篇文章虽然是考卷，却并非应付考试，也没有刻意推测考官喜欢什么，思考的问题也相当深刻。

第一，本文先以咏叹先王爱民之深忧民之切开头，接着从赏善与罚不善两方面说明，总归于“忠厚”二字。然后退一步说衰世尚且慎刑，夯实了主旨的深厚基础。

第二，本文还着重辨析了赏罚之道的轻重分量的拿捏，得出“罪疑惟轻，功疑惟重”的结论，进一步体现了“忠厚”之义。

第三，文章在探讨了赏和罚的方式时，对于赏罚的范式和方式都有扩大。如此放开之后，又须收拢。于是再度拈出“疑”字，又复归结到“忠厚之至也”这个主旨上来。

第四，引用《诗经》《春秋》之义，十分鲜明地捧出了题目。题目亦即结论，在结构上显得非常紧密而完整。

其实此文立论不过是儒家的施仁政，行王道，推崇尧舜周孔，属于当时的滥调。

但是作者在扣紧题目布局谋篇，引用圣经贤传与论据紧密结合等方面的技巧是很高的。文笔酣畅，说理透辟，概括力很强，结构紧密而完整。这成功引起了考官的注意，受到主考官欧阳修的高度赞赏。

【思考题】

1. 如何评价苏轼对于刑赏的态度？
2. 分析本文的逻辑层次。
3. 谈谈本文在论述观点时所采用的方法。

敬告青年

陈独秀

【课文导读】

《敬告青年》原载于1915年9月15日《青年杂志》1卷1号，是陈独秀为自己主编的《青年杂志》所写的发刊词，《青年杂志》后改名为《新青年》。本文表达了他反对封建礼教，追求民主与科学的强烈愿望。他满怀激情地讴歌“青年如初春，如朝日，如百卉之萌动，如利刃之新发于硎，人生最可宝贵之时期也”。他以进化论的观点，论证“青年之于社会，犹如新鲜活泼细胞之在人身。新陈代谢，陈腐朽败者无时不在天然淘汰之途，与新鲜活泼者以空间之位置及时间之生命……社会遵新陈代谢之道则隆盛，陈腐朽败之分子充塞社会则社会亡”。他“涕泣陈辞”，寄希望于活泼之青年，呼唤青年“自觉其新鲜活泼之价值与责任”，号召青年“奋其智能，力排陈腐朽败者以去”。本文充分表达了五四时期的启蒙主义知识分子改造国民性的思想主张，体现出他们瞩望于青年但又必须改造青年国民性的深刻意识。该文在五四运动和中国现代思想文化史上均有重要的影响。

【原文】

窃[①]以少年老成，中国称人之语也；年长而勿衰，英、美人相勖[②]之辞也，此亦东西民族涉想不同、现象趋异之一端欤？青年如初春，如朝日，如百卉之萌动，如利刃之新发于硎[③]，人生最可宝贵之时期也。青年之于社会，犹新鲜活泼细胞之在人身。新陈代谢，陈腐朽败者无时不在天然淘汰之途，与新鲜活泼者以空间之位置及时间之生命。人身遵新陈代谢之道则健康，陈腐朽败之细胞充塞人身则人身死；社会遵新陈代谢之道则隆盛，陈腐朽败之分子充塞社会则社会亡。

准斯[④]以谈，吾国之社会，其隆盛耶？抑将亡耶？非予之所忍言者。彼陈腐朽败之分子，一听其天然之淘汰，雅不愿以如流之岁月，与之说短道长，希冀其脱胎换骨也。予所欲涕泣陈词者，惟属望[⑤]于新鲜活泼之青年，有以自觉而奋斗耳！

自觉者何？自觉其新鲜活泼之价值与责任，而自视不可卑也。奋斗者何？奋其智能，力排陈腐朽败者以去，视之若仇敌，若洪水猛兽，而不可与为邻，而不为其菌毒所传染也。

呜呼！吾国之青年，其果能语于此乎！吾见夫青年其年龄，而老年其身体者十之五焉；青年其年龄或身体，而老年其脑神经者十之九焉。华其发，泽其容，直其腰，广其膈，非不俨然青年也；及叩其头脑中所涉想，所怀抱，无一不与彼陈腐朽败者为一丘之貉。其始也未尝不新鲜活泼，寖假[⑥]而为陈腐朽败分子所同化者，有之；寖假而畏陈腐朽败分子势力之庞大，瞻顾依回，不敢明目张胆作顽狠之抗斗者，有之。充塞社会之空气，无往而非陈腐朽败焉，求些少之新鲜活泼者，以慰吾人窒息之绝望，亦杳不可得。

循斯现象，于人身则必死，于社会则必亡。欲救此病，非太息咨嗟之所能济，是在一二敏于自觉、勇于奋斗之青年，发挥人间固有之智能，抉择人间种种之思想，——孰为新鲜活泼而适于今世之争存，孰为陈腐朽败而不容留置于脑里——利刃断铁，快刀理麻，决不作迁就依违之想，自度度人，社会庶几其有清宁之日也。青年乎！其有以此自任者乎？若夫明其是非，以供抉择，谨陈六义，幸平心察之。

一、自主的而非奴隶的

等一人也，各有自主之权，绝无奴隶他人之权利，亦绝无以奴自处之义务。奴隶云者，古之昏弱对于强暴之横夺，而失其自由权利者之称也。自人权平等之说兴，奴隶之名，非血气所忍受。世称近世欧洲历史为“解放历史”——破坏君权，求政治之解放也；否认教权，求宗教之解放也；均产说兴，求经济之解放也；女子参政运动，求男权之解放也。

解放云者，脱离夫奴隶之羁绊，以完其自主自由之人格之谓也。我有手足，自谋温饱；我有口舌，自陈好恶；我有心思，自崇所信；绝不认他人之越俎[7]，亦不应主我而奴他人；盖自认为独立自主之人格以上，一切操行，一切权利，一切信仰，唯有听命各自固有之智能，断无盲从隶属他人之理。非然者，忠孝节义，奴隶之道德也。德国大哲尼采[8]别道德为二类：有独立心而勇敢者曰贵族道德，谦逊而服从者曰奴隶道德；轻刑薄赋，奴隶之幸福也；称颂功德，奴隶之文章也；拜爵赐第，奴隶之光荣也；丰碑高墓，奴隶之纪念物也；以其是非荣辱，听命他人，不以自身为本位，则个人独立平等之人格，消灭无存，其一切善恶行为，势不能诉之自身意志而课以功过；谓之奴隶，谁曰不宜？立德立功，首当辨此。

二、进步的而非保守的

人生如逆水行舟，不进则退，中国之恒言也。自宇宙之根本大法言之，森罗万象，无日不在演进之途，万无保守现状之理；特以俗见拘牵，谓有二境，此法兰西当代大哲柏格森[9]之"创造进化论"所以风靡于世也。以人事之进化言之，笃古不变之族，日就衰亡；日新求进之民，方兴未已；存亡之数，可以逆睹。矧[10]在吾国，大梦未觉，故步自封，精之政教文章，粗之布帛水火，无一不相形丑曲拙，而可与当世争衡？

举凡残民害理之妖言，率能征之故训，而不可谓诬，谬种流传，岂自今始！固有之伦理、法律、学术、礼俗，无一非封建制度之遗，持较皙种之所为，以并世之人，而思想差迟，几及千载；尊重廿四朝之历史性，而不作改进之图，则驱吾民于二十世纪之世界以外，纳之奴隶牛马黑暗沟中而已，复何说哉！于此而言保守，诚不知为何项制度文物，可以适用生存于今世。吾宁忍过去国粹之消亡，而不忍现在及将来之民族，不适世界之生存而归削灭也。

呜呼！巴比伦人往矣，其文明尚有何等之效用耶？"皮之不存，毛将焉傅？"[11]世界进化，未有已焉。其不能善变而与之俱进者，将见其不适环境之争存，而退归天然淘汰已耳，保守云乎哉！

三、进取的而非退隐的

当此恶流奔进之时，得一二自好之士，洁身引退，岂非希世懿德[12]。然欲以化民成俗，请于百尺竿头，再进一步。夫生存竞争，势所不免，一息尚存，即无守退安隐之余地。排万难而前行，乃人生之天职。以善意解之，退隐为高人出世之行；以恶意解之，退隐为弱者不适竞争之现象。欧俗以横厉无前为上德，亚洲以闲逸恬淡为美风，东西民族强弱之原因，斯其一矣。此退隐主义之根本缺点也。

若夫吾国之俗，习为委靡：苟取利禄者，不在论列之数；自好之士，希声隐沦，食粟衣帛，无益于世，世以雅人名士目之，实与游惰无择也。人心秽浊，不以此辈而有所补救，而国民抗往之风，植产之习，于焉以斩。人之生也，应战胜恶社会，而不可为恶社会所征服；应超出恶社会，进冒险苦斗之兵，而不可逃循恶社会，作退避安闲之想。呜呼！欧罗巴铁骑，入汝室矣，将高卧白云何处也？吾愿青年之为孔、墨[13]，而不愿其为巢、由[14]；吾愿青年之为托尔斯泰与达噶尔[15]，不若其为哥伦布与安重根[16]！

四、世界的而非锁国的

并吾国而存立于大地者，大小凡四十余国，强半[17]与吾有通商往来之谊。加之海陆交通，朝夕千里，古之所谓绝国，今视之若在户庭。举凡一国之经济政治状态有所变更，其影响率被于世界，不啻牵一发而动全身也。立国于今之世，其兴废存亡，视其国之内政者半，影响于国外者恒亦半焉。以吾国近事证之：日本勃兴，以促吾革命维新之局；欧洲战起，日本乃有对我之要求；此非其彰彰者耶？投一国于世界潮流之中，笃旧者固速其危亡，善变者反因以竞进。

吾国自通海以来，自悲观者言之，失地偿金，国力索矣；自乐观者言之，倘无甲午庚子两次之福音，至今犹在八股垂发时代。居今日而言锁国闭关之策，匪独力所不能，亦且势所不利。万邦并立，动辄相关，无论其国若何富强，亦不能漠视外情，自为风气。各国之制度文物，形式虽不必尽同，但不思驱其国于危亡者，其遵循共同原则之精神，渐趋一致，潮流所及，莫之能违。于此而执特别历史国情之说，以冀抗此潮流，是犹有锁国之精神，而无世界之智识。国民而无世界知识，其国将何以图存于世界之中？语云："闭户造车，出门未必合辙。"今之造车者，不但闭户，且欲以"周礼""考工"之制，行之欧美康庄，其患将不止不合辙已也！

五、实利的而非虚文的

自约翰弥尔"实利主义"唱道于英，孔特之"实验哲学"唱道于法，欧洲社会之制度，人心之思想，为之一变。最近德意志科学大兴，物质文明，造乎其极，制度人心，为之再变。举凡政治之所营，教育之所期，文学技术之所风尚，万马奔驰，无不齐集于厚生利用之一途。一切虚文空想之无裨[18]于现实生活者，吐弃殆尽。当代大哲，若德意志之倭根，若法兰西之柏格森，虽不以现时物质文明为美备，咸揭橥[19]生活问题，为立言之的。生活神圣，正以此次战争，血染其鲜明之旗帜。欧人空想虚文之梦，势将觉悟无遗。

夫利用厚生，崇实际而薄虚玄，本吾国初民之俗；而今日之社会制度，人心思想，悉自周、汉两代而来，——周礼崇尚虚文，汉则罢黜百家而尊儒重道。——名教之所昭垂，人心之所祈向，无一不与社会现实生活背道而驰。倘不改弦而更张之，则国力莫由昭苏，社会永无宁日。祀天神而拯水旱，诵“孝经”以退黄巾，人非童昏，知其妄也。物之不切于实用者，虽金玉圭璋，不如布粟粪土。若事之无利于个人或社会现实生活者，皆虚文也，诳人之事也。诳人之事，虽祖宗之所遗留，圣贤之所垂教，政府之所提倡，社会之所崇尚，皆一文不值也！

六、科学的而非想象的

科学者何？吾人对于事物之概念，综合客观之现象，诉之主观之理性，而不矛盾之谓也。想象者何？既超脱客观之现象，复抛弃主观之理性，凭空构造，有假定而无实证，不可以人间已有之智灵，明其理由，道其法则者也。在昔蒙昧之世，当今浅化之民，有想象而无科学。宗教美文，皆想象时代之产物。近代欧洲之所以优越他族者，科学之兴，其功不在人权说下，若舟车之有两轮焉。今且日新月异，举凡一事之兴，一物之细，罔不诉之科学法则，以定其得失从违；其效将使人间之思想云为，一遵理性，而迷信斩焉，而无知妄作之风息焉。

国人而欲脱蒙昧时代，羞为浅化之民也，则急起直追，当以科学与人权并重。士不知科学，故袭阴阳家[20]符瑞五行之说，惑世诬民，地气风水之谈，乞灵枯骨。农不知科学，故无择种去虫之术。工不知科学，故货弃于地，战斗生事之所需，一一仰给于异国。商不知科学，故惟识罔取近利，未来之胜算，无容心焉。医不知科学，既不解人身之构造，复不事药性之分析，菌毒传染，更无闻焉；惟知附会五行生克寒热阴阳之说，袭古方以投药饵，其术殆与矢人同科；其想象之最神奇者，莫如“气”之一说，其说且通于力士羽流之术，试遍索宇宙间，诚不知此“气”之果为何物也！

凡此无常识之思惟，无理由之信仰，欲根治之，厥为科学。夫以科学说明真理，事事求诸证实，较之想象武断之所为，其步度诚缓，然其步步皆踏实地，不若幻想突飞者之终无寸进也。宇宙间之事理无穷，科学领土内之膏腴待辟者，正自广阔。青年勉乎哉！

【课文注释】

①窃：谦辞，个人意见。

②勖（xù）：勉励。

③硎（xíng）：磨刀石。

④准斯：以这个为标准。

⑤属（zhǔ）望：期望，期待。

⑥寝假：半昏迷状态，萎靡不振。

⑦越俎（zǔ）：越，跨过。俎，是古代祭祀时摆极品的礼器。指主祭的人不主持祭祀而去做别的事情。比喻超出自己业务范围，去处理别人所管的事。

⑧尼采：弗里德里希·威廉·尼采（1844—1900），德国唯意志主义代表人物。

⑨柏格森：亨利·柏格森（1859—1941），法国哲学家、作家。

⑩矧（shěn）：况且。

⑪皮之不存，毛将焉傅：最早出自于《左传·僖公十四年》，意思是皮都没有了，毛往哪里依附呢？后比喻事物失去了借以生存的基础，就不能存在。

⑫懿德：美德。

⑬孔、墨：孔子和墨子的并称，指踏踏实实入世办事的人。

⑭巢、由：巢父和许由的并称，指隐居不仕的人。

⑮托尔斯泰与达噶尔：指隐遁不关心世事的人。

⑯哥伦布与安重根：指进取有为的人。

⑰强半：过半，大半。

⑱无裨（bì）：无补，无助。

⑲揭橥（zhū）：标志。

⑳阴阳家：盛行于战国末期到汉初的思想流派，创始人为邹衍。其核心内容“阴阳五行”说，是我国最重要的哲学思想之一。

【解析要点】

陈独秀提出判断“孰为新鲜活泼而适于今巨之争存，孰为陈腐朽败而不容留置于脑里”的六项标准：自主的而非奴隶的；进步的而非保守的；进取的而非退隐的；世界的而非锁国的；实利的而非虚文的；科学的而非想象的。

在此基础上，着重指出科学对于近代欧洲兴盛的重要作用。提出“国人而欲脱蒙昧时代，羞为浅化之民也，即急起直追，当以科学与人权并重”。所谓科学，既包括自然科学，也包括社会科学和哲学，重在提倡科学精神，尊重科学规律，它的对立面是主观臆断、盲从迷信、愚昧无知，简言之曰蒙昧。所谓人权，即民主，它的对立面是封建专制。

本文是陈独秀发动新文化运动的宣言书，贯穿于六项标准中的一条红线是科学与民主。科学与民主是检验一切政治、法律、伦理、学术以及社会风俗、人们日常生活一言一行的唯一准绳，凡违反科学与民主的，哪怕是“祖宗之所遗留，圣贤之所垂教，政府之所提倡，社会之所崇尚，皆一文不值也”。

【思考题】

1. 结合本文产生的时代背景，谈谈其意义。
2. 本文所言“六义”，还有没有现实意义？请结合自身和当今现实，谈谈看法。

自读课

商於子论治国

〔明〕宋濂

【课文导读】

宋濂被明太祖朱元璋誉为“开国文臣之首”，其诗文与高启、刘基并称为“明初诗文三大家”，其散文与刘基并称“一代之宗”。这是一篇讽喻性的短文，借古喻今，形象生动地抨击了统治者不用贤人这一社会问题。

【原文】

商於子[①]，商国之布衣也，家贫，无犊以耕，乃牵一大豕[②]驾之而东。商君，商国之君也，微访乡野，过而责之曰：“子过矣！耕当以牛，以其力之巨能起块也，蹄之坚能陷淖[③]也。豕纵大，安能耕耶?”商於子不说，弗应。

商君曰：“今子以之代耕，不亦颠乎?”商於子曰：“子以予颠之，予亦以子颠之。吾岂不知服田[④]必以牛，亦犹牧[⑤]吾民者必以贤。不以牛，虽不得田，其害小；不以贤，则天下受祸，其害大。子何不以责我者责牧民者耶?”

商君立有间，面有惭色，顾谓左右从者曰：“尔辈以此究物理。耕者，能善晓天下之治，而治者乃愚也。论国之道，自恨弗如远甚矣。”比至国，乃除旧弊，施新策，广招天下之士以治。数年之后，富民安邦，盖商於子之功也。

【课文注释】

①商於子：虚构的人名；后面“商君”，商国的国君，也是虚构的国君。

②豕（shǐ）：猪。

③淖（nào）：烂泥。

④服田：驾牲口耕田。

⑤牧：统治、管理。

【解析要点】

商於子家贫无牛耕田，只好以猪代替。商君不识百姓疾苦，因此指责他。由此引出商於子对于以猪代牛耕田和不用贤人治国二事害处大小的比较。通过比较，指出商君对于害处大的视而不见，对于害处小的反而横加指责的做法十分不应当。商君深受触动，深刻反思，并立刻着手进行改革。通过招揽人才、革除弊政、施行新政，终于使得国安民富。

【思考题】

1. 商君对商於子的指责，与晋惠帝“何不食肉糜”，有什么异同？

2. 请简述商国国安民富的原因。

3. 简要分析商於子话语中的逻辑层次。

己亥杂诗

〔清〕龚自珍

【课文导读】

龚自珍生活的时代风雨飘摇，他敏感地意识到清政府闭关锁国的政策已经行不通了，这个国家必须大刀阔斧地进行变革才会有新的出路。于是以满腔热血，起而议政以“医国”，最终因为“动触时忌”被罢职。1839 年是农历己亥年，龚自珍在罢职回乡途中，写下了315首杂诗，编为《己亥杂诗》。本诗是其中的第125首，是路过镇江时，应道士之请写的祭神诗。

【原文】

九州生气[①]恃[②]风雷，万马齐喑[③]究可哀。我劝天公重抖擞，不拘一格降人才。

诗人自注：过镇江，见赛玉皇及风神、雷神者，祷祠数万，道士乞撰青词。

【课文注释】

①生气：生机勃勃。

②恃（shì）：依靠。

③喑（yīn）：哑。

【解析要点】

此诗借祭神之名，表现了对死气沉沉、缺乏生机的社会现状的锥心之痛，急切地盼望一场巨大的社会变革迅速到来。

首句"风雷"即是革命风暴，这个国家焕发生机，必须倚靠疾风惊雷，除此之外，别无可以撼动濒临僵死的百足之虫的方法。"万马齐喑"，无比窒息，无比沉闷，令人喘不过气。

而要打破这沉闷，焕发这生机，最重要的便是人才了。诗人将民间迷信活动写进诗里，为表达自己的思想感情服务，希望无所不能的老天爷，能够在各个方面各个层次，不拘一格降下大批人才，挽狂澜于既倒，扶大厦于将倾。

【思考题】

1. "九州""风雷""万马""天公"分别象征什么？
2. 本诗体现了诗人的何种精神？表达了诗人怎样的心情？
3. 简述此诗产生的社会背景。

综合实践课

古代，岭南地区一直是官员左迁贬谪流放之地，许多著名的文人士大夫都曾被贬岭南，例如：韩愈、柳宗元、苏轼苏辙兄弟等。请选择一位曾经贬谪岭南的古代文人为调查对象，调查其被贬岭南后有何政绩，制作完成调查视频及调查报告，并做成 PPT 进行展示。

1. 活动名称：岭南贬谪诗人政绩调查。

2. 目的任务：拍摄调查视频，完成调查报告。

3. 活动程序：制定活动方案—选定对象—查找资料—编写调查提纲—实地调查—拍摄视频—完成调查报告—PPT 汇报。

4. 活动成果：调查视频及调查报告。

5. 评价方案：各小组须自行设计自评表和互评表，根据前期准备工作情况、调查过程中完成情况、调查后资料整理情况等进行综合评价。

6. 活动建议：

（1）小组完成，注重成员间的分工协作。

（2）实地调查，不可流于形式。

（3）调查报告字数不少于 3000 字；调查视频不少于 10 分钟。

研究探索课

1. 选题指导

本专题选讲了《论语》中的条目。其中“为政以德”与“道之以德，齐之以礼”两条，原本是讲治理国家的。请选择其中触动你的点，结合宿舍管理、班级管理、社团管理等进行拓展学习，深入研究，探索个人、集体与国家利益的关系。

2. 研究方法与材料收集

以马克思主义唯物辩证法为基础，结合访谈法、调查法、归纳法等方法进行研究。

3. 成果展示

以小论文形式展示，论文字数不少于 1500 字。

要求：论点清晰，论据充分，论证有力。

专题八　平天下　世界和

【专题导读】

世界和平发展、生活美好和谐，是全世界人类共同命运的大势所趋，是全世界人类心之所向、行之所往。中华民族自孕育而生，便执着于世界大同、天下为公，几千年来千秋万代更是矢志不渝、孜孜以求。本专题所选取的《礼记·礼运》等六部作品以及语文综合实践活动，纵观古今，横览中外，既展现了语言境界的深厚底蕴，也彰显了辩证思维的宽阔胸襟。

本专题阅读和欣赏的重点在于人生情感态度的体验和人类全球价值观的构建。《礼记·礼运》中极负盛名的“大同和小康”，正是孔门儒家对理想社会的美好憧憬，所言“大道之行也，天下为公”更为先贤圣哲世代传承。《论语·颜渊》问仁问政，以对话的方式将儒家思想的核心“仁”娓娓道来，说理透彻，观点鲜明。如“克己复礼为仁”“四海之内，皆兄弟也”等名句不胜枚举。《墨子·兼爱（上）》是墨子“兼相爱、交相利”思想的高度体现。通过逻辑严谨的论证，传达出墨家核心思想对和谐美好生活的向往之情，对人类命运的关注之心，对平等互利的希冀之意。《人类和谐宣言》以“和而不同与和谐世界”为主题，向全世界人类发出情真意切的呼唤。文章字字珠玑，包含了中国人民对世界和平发展、人类和谐共处、文化包容共建的殷切期望。《老子（五则）》从“道法自然”的角度阐释了“道生万物、以德养之”的内涵，展现了深远博大的辩证统一的世界观和方法论，构建了顺应规律、自然和谐的“无为”思想。《习近平谈人类命运共同体》反映了全世界人类的共同诉求。以“人类命运共同体”为导向来谋求人类的共同利益和共同价值，是人类面临当今世界“百年未有之大变局”应有共识。本专题设置的语文综合实践活动，起于“海上丝绸之路”，终于“对话先贤圣哲　感悟金玉良言”，旨在提升语文综合活动能力和实践探究能力，树立科学的世界观、人生观和价值观，增强民族自信心和社会责任感。

【学习目标】

1．思政目标

（1）通过体验文学作品的人文性，培养学生真、善、美的情感态度。

（2）感悟文学作品的思想情感，结合生活实际，培养学生的思辨精神和人格魅力。

（3）树立学生科学的世界观、人生观和价值观，从而培养学生的文化自信和人类命运共同体情怀。

2．知识目标

（1）掌握本单元选文中字、词、句等语文基础知识，培养学生语文应用习惯。

（2）通过课内外阅读与欣赏，拓展学生的语文视野，获取生活实践中的语文知识。

（3）积累古今中外文明文化知识。

3．能力目标

（1）提高学生写作、阅读、口语交际等语言应用能力。

（2）培养学生对文学作品的鉴赏能力。

（3）逐步增强学生探究探索和自主学习的能力。

讲读课

礼记·礼运[①]（节选）

【课文导读】

《礼记》是儒家经典之作，记载了先秦时期儒家奉行的礼制、礼仪。其所陈述的典章制度，是儒家伦理道德思想中修身为人的准则。《礼运》是《礼记》中的第九篇，反映了儒家的政治观念和历史思想：治国大道依礼而行，则天下为公，天下太平，大同世界就可以实现。文章所言“大同”和“小康”，就是儒家对理想社会的愿景。这种思想，于后人对理想社会的追求具有极其深刻的意义。

学习本文，重在对“大同”和“小康”的理解。从孔子的表述上，力求探究“以礼治国”所彰显的人生智慧。同时，还要关注到文章结构的严谨、语言的精妙、论证的有力、观点的鲜明。

【原文】

昔者仲尼②与于蜡③宾④，事毕，出游于观⑤之上，喟然⑥而叹。仲尼之叹，盖叹鲁也。

言偃⑦在侧曰：“君子何叹？”

孔子曰：“大道⑧之行也，与三代之英⑨，丘未之逮⑩也，而有志焉。大道之行也，天下为公。选贤与能，讲信修睦，故人不独亲其亲，不独子其子，使老有所终，壮有所用，幼有所长，矜寡孤独废疾⑪者，皆有所养。男有分⑫，女有归⑬。货恶⑭其弃于地也，不必藏于己；力恶其不出于身也，不必为己。是故谋闭而不兴，盗窃乱贼而不作，故外户而不闭，是谓大同。今大道既隐⑮，天下⑯为家，各亲其亲，各子其子，货力为己；大人⑰世及⑱以为礼⑲，城郭沟池以为固，礼义以为纪；以正君臣，以笃⑳父子，以睦兄弟，以和夫妇，以设制度，以立田里，以贤勇知㉑，以功为己。故谋用是㉒作，而兵由此起。禹、汤、文、武、成王、周公，由此其选也。此六君子者，未有不谨于礼者也。以著㉓其义，以考其信，著有过，刑仁讲让㉔，示民有常。如有不由此者，在势㉕者去㉖，众以为殃㉗，是谓小康。”

言偃复问曰：“如此乎礼之急也？”

孔子曰：“夫礼，先王以承天之道，以治人之情㉘。故失之者死，得之者生。《诗》曰：‘相鼠有体，人而无礼；人而无礼，胡不遄㉙死？’是故夫礼，必本于天，殽㉚于地，列于鬼神，达㉛于丧祭射御、冠昏㉜朝聘。故圣人以礼示之，故天下国家可得而正也。”

【课文注释】

①选自《礼记集解》（清·孙希旦撰，中华书局1989年版）。《礼记》是古代一部重要的中国典章制度书籍，《礼运》是《礼记》的第九篇。相传为西汉礼学家戴圣所编，故又名《小戴礼记》。戴圣，字次君，后世称为“小戴”，梁国甾县（今河南

省商丘市民权县）人，西汉时期著名礼学家、经学家。

②仲尼（前551—前479）：孔子，名丘，字仲尼，春秋时期鲁国（今山东省曲阜市）人。中国古代伟大的思想家、政治家、教育家，儒家学派创始人。

③蜡（zhà）：蜡祭，祭祀名。指古代国君在年终举行的重大祭祀活动。

④宾：陪祭者。

⑤观：宗庙宫殿大门两侧的楼台。

⑥喟然：叹息的样子。

⑦言偃：（前506—前443）：字子游，又称叔氏，常熟人，曾任鲁国武城县令。春秋时期思想家，人称“南方夫子”。

⑧大道：古代治国之道的最高理想。

⑨三代之英：夏、商、周三代的杰出君王。

⑩逮：赶上。

⑪矜（guān）寡孤独废疾：矜，同“鳏”，老而无妻的人；寡，老而无夫的人；孤，幼而无父的人；独，老而无子的人；废，肢体残疾的人；疾，疾病缠身的人。

⑫分（fèn）：职责，职分。

⑬归：女子出嫁。

⑭恶（wù）：憎恨。

⑮隐：消逝，衰退。

⑯天下：天下人。

⑰大人：天子、诸侯。

⑱世及：世代相传。世，父传子；及，兄传弟。

⑲礼：制度。

⑳笃：淳厚。

㉑以贤勇知：以勇智者为贤。贤，尊重；知，同“智”。

㉒用是：由此。

㉓著：表现，说明，显露。

㉔刑仁讲让：树立讲求仁爱、礼让的典范。刑，同“型”，典范、模范。

㉕势：权势，职务。

㉖去：辞退，驱离。

㉗殃：祸害。

㉘情：情操，情感。

㉙遄（chuán）：快速，立即。

㉚斅（xiào）：同“效”，效法、仿效。

㉛达：显现，表现。

㉜冠昏：冠，加冠礼；昏，同“婚”，结婚礼。

【解析要点】

《礼记》是儒家思想的经典之作。其着重反映了中国古代的社会进程和“天下为公”的政治理想。本文节选《礼记·礼运》的“大同”与“小康”，即是对“大道之行也”和“大道既隐”两个不同时代的特点进行论述。

1. 以仁为政，天下大同。儒家思想以“仁”为价值核心，“仁政”是儒家治国理政的最高境界。“大同”是“五帝”所奉行的治国大道。政治上，“大道之行也，天下为公”“选贤与能，讲信修睦”；经济上，“货恶其弃于地也，不必藏于己”；社会上，“老有所终，壮有所用，幼有所长，矜寡孤独废疾者，皆有所养。男有分，女有归”；治安上，“是故谋闭而不兴，盗窃乱贼而不作，故外户而不闭”。此为儒家的最高理想社会。

2. 以礼为政，小康之治。“三英”时代，“大道既隐，天下为家”，若想国家繁荣安定、百姓安居乐业，礼仪法制的治理维系势在必行。故此才有：“礼义以为纪”“刑仁讲让”“示民有常”。此为“三英”时代的“以礼治国”，即“小康”。

【思考题】

1. 根据课文的陈述，请阐释“大同”和“小康”的内涵各是什么？同时结合我国社会发展建设伟大时期，谈谈文中的“大同”和“小康”与我国未来社会的发展有什么异同？

2. 请尝试论述“以礼治国”与“依法治国”的关系。

论语·颜渊[1]（节选）

【课文导读】

“仁”是儒家思想的核心内容。从“仁”到“仁政”，“仁”的思想不仅仅局限于修身养性的准则，更是拓展到了政治价值观的范畴。这是儒家思想成为中国两千多年封建社会的正统政治思想的根本。《论语·颜渊》采用对话的形式论仁、论政，三言两语即展现了“仁爱”、“仁政”、“民本”的思想内涵。统治者治国理政勤政爱民、以身作则、“亲贤臣远小人”，薄赋敛、使民足，取信于民，最后才到达最高价值标准的“仁政”。鉴赏本文，应着重理解“仁”以及“仁政”的思想内涵。

《论语·颜渊》出现的人物较多，学习时可厘清人物角色关系，通过对话语言、行为动作，理解人物的性格特点。

【原文】

1. 颜渊问仁。子曰：“克己复礼[2]为仁。一日克己复礼，天下归仁[3]焉。为仁由己，而由人乎哉？”颜渊曰：“请问其目[4]。”子曰：“非礼勿视，非礼勿听，非礼勿言，非礼勿动。”颜渊曰：“回虽不敏，请事[5]斯语矣。”

2. 仲弓[6]问仁。子曰：“出门如见大宾，使民如承大祭；己所不欲，勿施于人；在邦无怨，在家[7]无怨。”仲弓曰：“雍虽不敏，请事斯语矣。”

3. 司马牛[8]忧曰：“人皆有兄弟，我独亡[9]。”子夏曰：“商闻之矣：‘死生有命，富贵在天。’君子敬而无失，与人恭而有礼，四海之内，皆兄弟也。君子何患乎无兄弟也？”

4. 子贡[10]问政。子曰：“足食，足兵，民信之矣。”子贡曰：“必不得已而去，于斯三者何先？”曰：“去兵。”子贡曰：“必不得已而去，于斯二者何先？”曰：“去食。自古皆有死，民无信不立。”

5. 子张[11]问政。子曰：“居之无倦，行之以忠。”

子曰：“博学于文，约之以礼，亦可以弗畔矣夫！”

子曰：“君子成人之美，不成人之恶。小人反是。”

【课文注释】

①选自《论语正义》，清朝刘宝楠撰，中华书局1990年版。《论语》是记录孔子及其弟子言行的语录体散文集。颜渊，颜回（前521—前481），曹姓，颜氏，名回，字子渊，鲁国都城人（今山东曲阜市）。春秋末期鲁国思想家，孔门七十二贤之首。

②克己复礼：克制自己，使自己的言行符合于礼的要求。

③仁：仁爱、仁政、仁道，儒家思想的核心。

④目：具体的条目。

⑤事：做事，照着去做。

⑥仲弓：冉雍（前531—?），字仲弓，春秋末期鲁国人。孔子弟子，以德行著称，教育家。

⑦家：卿大夫统治的封地。

⑧司马牛：司马耕，一名犁，字子牛，春秋时期宋国人。孔子弟子，孔门七十二贤之一。

⑨亡：无。

⑩子贡：端木赐（前520—前456），复姓端木，字子贡，春秋末年卫国黎（今河南省鹤壁市浚县）人。孔门十哲之一。

⑪子张：颛孙师（前504—?），复姓颛孙，名师，字子张，春秋战国时期陈国人，孔子弟子。

【解析要点】

本文节选自《论语·颜渊》，记录了“仁”“仁政”，以及以“仁德”为人处世的思想。儒家的“仁”表面上是为了“安民”“化民”，实质上是为了维护君王统治，这为儒家思想成为长达两千多年的封建社会的正统思想奠定了基础。

1. 从“仁”到“仁政”的拓展。儒家把“仁”作为高尚品格和理想人格的道德价值标准。但“仁”绝不局限于“仁者爱人”，把“仁”拓展到“仁政”，才能实现“仁”的最高价值。“克己复礼为仁。一日克己复礼，天下归仁焉”实现了从“仁”到“仁政”的完美过渡。从个人道德情操和人生态度，到社会秩序维系和安定平稳，“仁”不仅塑造了个人的理想人格，也规定了国家的政治品格。

2. “仁政”的实施。其一，从民的角度，秉承了“民本”的思想。“足食，足兵，民信之矣。”“百姓足，君孰与不足？百姓不足，君孰与足？”“自古皆有死，民无信不立。”其二，从君王的角度，予民怀柔，予政治清明。“子为政，焉用杀？子欲善而民善矣。”君王善待民，薄赋敛，减征役，与民休养生息，方能安民于天下。此外，还有选贤举士、勤政爱民、身先示范等。

【思考题】

1. 结合本文对“论仁”“论政”的表述，试分析孔子是如何将“仁”与“政”联系起来的。

2. 阐释文章中“民本”思想的内涵及表现。

3. 根据课文内容，谈谈孔子认为统治者应该如何治国理政？

墨子·兼爱（上）[①]

【课文导读】

墨子是我国古代思想家、教育家，是墨家学派创始人。其倡导的“兼爱”“非攻”是墨家学派的思想核心。春秋战国时期诸侯国之间互相攻伐，以及有社会上的等级倾轧、倚强凌弱，都给百姓带来灾祸，不得安居乐业。墨子正是从“以人为本”的角度提出“兼相爱、交相利”的平等和谐思想。

《墨子》内涵丰富，说理透彻，深邃隽永。鉴赏本课选文，重在理解墨子“兼爱”思想的内涵，并联系历史，探究“兼爱”“非攻”在春秋战国时期的局限性。同时，还应理清本文清晰严谨的逻辑结构和丰富多彩的论证方法，感悟墨子的思辨智慧。

【原文】

圣人以治天下为事[②]者也，必知乱之所自起，焉[③]能治之；不知乱之所自起，则不能治。譬之如医之攻人之疾者然：必知疾之所自起，焉能攻之；不知疾之所自起，则弗[④]能攻。治乱者何独不然！必知乱之所自起，焉能治之；不知乱之所自起，则弗能治。

圣人以治天下为事者也，不可不察乱之所自起。当[⑤]察乱何自起，起不相爱。臣子之不孝君父，所谓乱也。子自爱不爱父，故亏[6]父而自利；弟自爱不爱兄，故亏兄而自利；臣自爱不爱君，故亏君而自利；此所谓乱也。虽父之不慈子，兄之不慈弟，君之不慈臣，此也天下之所谓乱也。父自爱也，不爱子，故亏子而自利；兄自爱也不爱弟，故亏弟而自利；君自爱也，不爱臣，故亏臣而自利。是何也？皆起不相爱。

虽至天下之为盗贼亦然。盗爱其室，不爱异室，故窃异室以利其室；贼爱其身，不爱人身，故贼人身以利其身。此何也？皆起不相爱。虽至大夫之相乱家，诸侯之相攻国者亦然。大夫各爱其家，不爱异家，故乱异家以利其家；诸侯各爱其国，不爱异国，故攻异国以利其国。天下之乱物，具此而已矣。察此何自起？皆起不相爱。

若使天下兼相爱，爱人若爱其身，犹有不孝者乎？视父兄与君若其身，恶施不孝？犹有不慈者乎？视弟子与臣若其身，恶[7]施不慈？故不孝不慈亡[8]有。犹有盗贼乎？故视人之室若其室，谁窃？视人身若其身，谁贼？故盗贼亡有。犹有大夫之相乱家，诸侯之相攻国者乎？视人家若其家，谁乱？视人国若其国，谁攻？故大夫之相乱家，诸侯之相攻国者亡有。若使天下兼相爱，国与国不相攻，家与家不相乱，盗贼亡有，君臣父子皆能孝慈，若此则天下治。

故圣人以治天下为事者，恶[9]得不禁恶而劝爱！故天下兼相爱则治，交相恶则乱。故子墨子曰："不可以不劝爱人"者，此也。

【课文注释】

①选自《墨子间诂》（清·孙诒让撰，孙启治点校，中华书局 2021 年版）。《墨子》为墨家弟子对墨子言行及生平事迹的记录。墨子（前 476 或 480 年—前 390 或 420 年），名翟，春秋末期战国初期宋国人。中国古代思想家、教育家、科学家、军事家，墨家学派创始人。兼爱：其本质是要求人们爱人如己，彼此之间不要存在血缘与等级差别的观念。

②事：事业，职业，工作。

③焉：副词，乃，才。

④弗：不，否。

⑤当：同"尝"，尝试。

⑥亏：损害。

⑦恶（wū）：何，为何。

⑧亡：同"无"，没。

⑨恶：同⑦。

【解析要点】

先秦时期，百家争鸣。墨子有别于孔子的"仁爱"和老子的"无为"，以"兼爱"为核心创建了墨家学说，以期替代旧的宗法制度。墨子的"兼爱"关注人类利益，心怀天下百姓，倡导平等友好，对春秋末期到战国初期影响重大，是中国传统文化极其宝贵的精神财富。

在思想内容上，《墨子·兼爱（上）》提出了"兼相爱、交相利"的人道思想。"兼相爱"既要爱自身，也要爱他人，是完全无私的爱，是建立在不受亲疏关系和阶级等级影响、平等对等的基础上的。而儒家的"仁"是有亲疏远近和阶级观念因素的。这也是著名的"儒墨之争"的辩论核心。"交相利"既要利自身，也要利他人，也就是互利原则。对于君王而言，"交相利"有利于社会和谐、国家安定、天下太平。但是，以平等对等为基础的"兼相爱、交相利"在等级森严、群雄逐鹿的春秋战国时期是难以立足的。

在推理逻辑上，《墨子·兼爱（上）》论证"兼爱"，观点明确，逻辑严谨。文章首先开篇以"医人之疾"为喻入题，提出"圣人以治天下为事者也，必知乱之所自起"，明确根源的重要性。其次，举例论证"天下事乱之所自起"皆为"不相爱"，从父子、君臣到盗贼，再到诸侯、国家，例证详实。然后，进一步提出"使天下兼相爱"之法。最后得出结论："故天下兼相爱则治，交相恶则乱。"文章论证结构清晰，层层递进，鞭辟入里。

【思考题】

1. 论述墨子的"兼爱"与儒家的"仁"有何异同。
2. 论述墨子的"兼相爱、交相利"对构建人类和谐社会的当世价值。

人类和谐宣言[①]

【课文导读】

"同命同运，相融相通。"世界文明是全人类历经长期积累和发展共同缔造的，多姿多彩、百花齐放的多元化是其最基本的特征。当今时代，国际形势不稳定，人类所面临的全球性挑战亦日趋严峻，人类的命运早已趋向于“你中有我、我中有你”的共同体。与时俱进，顺应时代潮流，顺应人类需求，各国文化文明必须兼容并蓄，相互包容，相互借鉴，才能和谐相处、共同发展，才能世界大同、天下一家。

尼山世界文明论坛发布的《人类和谐宣言》，其内涵展现了一种宽阔胸怀，是对全人类共同命运的关切。阅读和鉴赏本文，要多体会，多理解。既要掌握宣言这种文体其严肃性的基本特点，也要理解文章所蕴含的思想内涵及价值意义。

【原文】

公元2010年9月27日，中国古代伟大的思想家、教育家孔子诞辰2561周年之际，我们重温2500年前那个需要智者并产生智者的时代的人类智慧，藉尼山世界文明论坛，共同发出和谐宣言：

怀着对人类现实命运的忧伤，

怀着对人类共同未来的焦虑，

面对战争、杀戮、冲突的残酷现实，

面对日趋恶化的地球生存环境，

人类的灵魂感受到了前所未有的孤独和恐慌。

汲取2500多年来人类精神导师们的伟大智慧，

我们倡导和谐，

我们倡导仁爱，

我们倡导宽容，

我们倡导礼让，

我们倡导信义，

我们倡导己所不欲，勿施于人，

我们倡导民胞物与，天人合一，

我们倡导各美其美，美美与共，

我们倡导四海之内，皆兄妹也，

我们倡导和谐世界，和而不同。

为了建设一个和谐的世界，

为了守护一个共同的地球，

我们呼吁理解尊重，化解积怨；

我们呼吁对话交流，避免冲突；

我们呼吁节俭低碳，呵护家园；

我们呼吁团结合作，共创未来。

我们祈愿——

我们的倡导和呼吁能够得到全世界的响应！

我们祈愿——

我们的倡导和呼吁能够变成全人类的共同行动！

【课文注释】

1. 选自《世界文明对话研究报告（2002—2012 年）》（尼山世界文明论坛组委会编，人民出版社，2013 年 12 月版）。《人类和谐宣言》又称《尼山和谐宣言》。首届尼山世界文明论坛以“和而不同与和谐世界”为主题，于 2010 年 9 月在孔子出生地曲阜尼山举办。

2. 民胞物与：民为同胞，物为同类。泛指爱一切人和物。

3. 社会学家费孝通先生于 1990 年 12 月，在就“人的研究在中国——个人的经历”主题演讲时，提出“各美其美，美人之美，美美与共，天下大同”十六字箴言。其意为：欣赏自己的美，包容别人的美，将自身之美和别人之美融合一处，就会实现理想中的大同美。

【解析要点】

《人类和谐宣言》是首届尼山世界文明论坛公布的关于构建和谐社会、构建人类命运共同体的国际联合宣言。《人类和谐宣言》展现了中华民族传统文化的特质，展现了世界人类“以和为贵”“和而不同”的共同文化心态。每一种文明都有它的存在道理，按照我们中华民族几千年来的思维方式，多样化的世界应该博采众长、交流互鉴、和谐共生、共同繁荣。多姿多彩的世界文明能让整个地球都显得活力无限、生机勃勃，即“天下大同”“协和万邦”。

1. 严谨的逻辑关系，展现了文章思想内容的宣扬力和鼓舞力。《人类和谐宣言》首先简述了当前国际形势及人类所面临的挑战，这既是背景，也是成因；其次，以中华民族传统文明为根基，提出“和谐，仁爱，宽容，礼让，信义”，提出“己所不欲，勿施于人”“民胞物与，天人合一”“各美其美，美美与共”“四海之内，皆兄妹也”“和谐世界，和而不同”；再次，以“和谐共建、天下大同”为目的，结合实际向全人类提出呼吁。全文逻辑结构严谨，思想内容鲜明，具有较强的宣扬力和鼓舞力。2. 宣言最重严肃性，是一种较为独特的文体，主要用于开诚布公地、严肃地发布主张，既要态度明确，又要极具鼓舞性。本文是一篇典型的宣言，具备宣言的文体特点，是模拟宣言写作的最佳范文。

【思考题】

1. 深入了解当前国际社会发展形势，结合课文，谈谈你对“和而不同与和谐世界”的理解。

2. 社会学家费孝通先生提出“各美其美，美人之美，美美与共，天下大同”十六字箴言。请谈谈你对这十六字箴言的理解。

3. 根据课文，试论述构建人类和谐世界应从中华民族传统文明中汲取哪些思想理论。

自读课

老子（五则）[①]

【课文导读】

《老子》又名《道德经》，主要论述的是“道”和“德”与万事万物的关系，主题是“道法自然”“天人合一”，这是道家哲学思想的源头。老子认为，“道”是宇宙万物之根本，是自然之道，是个体修行之法；“德”是“道”的衍生体，是为人处世之法，是辩证统一的世界观和方法论。“道”与“德”结合起来，就形成了“众妙之门”。此为世人认为《老子》玄之又玄之处。

学习本课，应着重理解选文所富含的思想内容，如世界万物的对立统一、遵循规律的人生态度、抱持守一的修身品格、自然和谐的处世之道、“以身观身”的修身方法等。此外，文章所体现的文学艺术特色，如音韵美、修辞美、语言美，同样值得探究。

【原文】

1. 天下皆知美之为美，斯[②]恶已[③]；皆知善之为善，斯不善已。故有无相生，难易相成，长短相形，高下相倾，音声相和，前后相随[④]，恒也。是以圣人[⑤]处无为之事，行不言之教。万物作焉而不为始[6]，生而不有[7]，为而不恃[8]，功成而弗居。夫唯弗居，是以不去。

2. 上善[9]若水。水善利万物而不争，处众人之所恶，故几[10]于道。居善地[11]，心善渊[12]，与善仁，言善信，正[13]善治，事善能，动善时。夫唯不争，故无尤[14]。

3. 道生一[15]，一生二[16]，二生三[17]，三生万物。万物负阴而抱阳，冲气以为和。人之所恶，唯孤、寡、不穀[18]，而王公以为称。故物或损之而益，或益之而损。人之所教，我亦教之。强梁[19]者不得其死，吾将以为教父[20]。

4. 道生之，德畜之，物形之，势[21]成之。是以万物莫不尊道而贵[22]德。道之尊，德之贵，夫莫之命[23]而常自然。故道生之，德畜之；长之育之；亭之毒之[24]；养之覆[25]之。生而不有，为而不恃，长而不宰。是谓玄德[26]。

5. 善建者不拔，善抱者不脱[27]，子孙以祭祀不辍[28]。修之于身，其德乃真；修之于家，其德乃余；修之于乡，其德乃长；修之于邦，其德乃丰；修之于天下，其德乃普。故以身观身[29]，以家观家，以乡观乡，以邦观邦，以天下观天下。吾何以知天下然哉？以此。

【课文注释】

①选自《老子道德经注校释》（魏·王弼注，楼宇烈校译，中华书局 2008 年版）。《老子》，又称《道德经》，为“内圣外王”之学，是道家哲学思想的重要来源，由春秋时期的老子所撰。老子（前 571 年—前 471 年），姓李名耳，字聃，一字伯阳，春秋末期陈国苦县（今河南省鹿邑县）人。中国古代思想家、哲学家、文学家和史学家，道家学派创始人和主要代表人物。

②斯：则，就。

③已：了。

④有无、难易、长短、高下、音声、前后：此六者相对相依。音声：单调的、无节奏的为“声”，复杂的、有节奏的为“音”。生：产生。成：形成。形：体现。倾：倾倚。和：和谐。随：顺序。

⑤圣人：有道之人，道家最高理想人物。

⑥始：干涉，管理。

⑦有：拥有，占为己有。

⑧恃：依靠，自恃己能。

⑨上善：最高境界的善。

⑩几（jī）：接近，靠近。

⑪地：低下，卑下。

⑫渊：深远，沉静。

⑬正：通“政”，行政。

⑭尤：过失，怨咎。

⑮一：道。

⑯二：阴、阳二气。

⑰三：和气，阴阳两气相交会和形成的一种和谐状态。

⑱孤：单。寡：独。榖：通“谷”，善，才德。古代王侯常自称“孤”“寡”“不榖”，表明自己是孤独者，以及才德欠佳。

⑲强梁：强横凶暴，强盗的一种称呼。

⑳父：一家之首，本文意为宗旨。

㉑势：势能，环境。

㉒贵：重视。

㉓命：干涉。

㉔亭之毒之：万物成熟。亭：同“成”，长成。毒：同“熟”，成熟。

㉕覆：保护。

㉖玄德：自然无为的德性。

㉗善建者不拔，善抱者不脱：善建之人一旦建树不可拔除，善抱之人一旦坚守就不会动摇。拔、脱：动摇，拔脱。抱：坚持，保护。

㉘辍：中止，停止。

㉙以身观身：以己身观察他人之身。后文同理，以己家观他人之家，以己乡观他人之乡，以己邦观他人之邦，以己天下观他人之天下。

【解析要点】

《老子》是道家哲学之源，被誉为“万经之王”。其以“道德”为纲领主线，即是对朴素唯物主义世界观的论述，也充分体现了中国传统文化“内圣外王”之学的内涵。

大道无形，对立统一。《老子》之道，在于深刻揭示世间万事万物发展变化所遵循的相互依存、相互对立的自然规律，正所谓“有无相生，难易相成，长短相形，高下相倾，音声相和，前后相随，恒也”。这是辩证统一的世界观，是中国哲学史上最早的矛盾辩证法。

以水喻道，无为而治。道家无为而治并非无所作为，而是不妄作为，只要是遵循事物的发展规律，即可无所不为。圣人言行类水之德，居下不争，顺应自然，这既是经国之道，也是老子的人生态度。

道生万物，冲气为和。“道生一，一生二，二生三，三生万物”论述了世界宇宙万物的衍生真理，即道生万物。万物和谐的发生发展和生生不息，均是由阴阳相合而生成的和气所致。当然，损益相对时，唯有保持一团和气，才能安定长久。故有“强梁者不得其死”之言。

尊道敬德，万物和谐。老子把“道、德”与万事万物生长发展的关系过渡到治理国家的“民本”思想上来。万物由道衍生、由德养育，不去妄为干涉，不去违背自然，顺应民意，教化百姓，这就合乎道、同于德，社会和谐安定，国家长治久安。

儒道合一，内圣外王。老子所言“修身、修家、修乡、修邦、修天下”与《大学》的“三纲八目”不谋而合，体现出中国儒、道传统文化“内圣外王”思想的高度统一。老子认为修德既要“善建者不拔，善抱者不脱”，又要“以身观身，以家观家，以乡观乡，以邦观邦，以天下观天下”。

【思考题】

1. 根据课文，阐述道家“无为而治”的内涵。
2. 如何理解《老子》是“内圣外王”之学？

习近平谈人类命运共同体[①]

习近平

【课文导读】

“人类命运共同体”是习近平总书记提出来的全球人类共同价值观，是全世界人类的福祉所在。“人类命运共同体”旨在追求本国利益时兼顾他国合理关切，在谋求本国发展中促进各国共同发展。人类生活在同一个地球村，一荣俱荣，一损俱损，休戚与共，相互依存。世界个国家、各民族只有同心协力、携手合作，才能共同发展，共同应对“当今世界百年未有之大变局”。习近平总书记多次谈到“人类命运共同体”，展现了大国情怀的宽广胸襟，展现了对世界和平发展的深切期望。

本文是习近平总书记关于“人类命运共同体”的发言摘录。学习本文应着重理解“人类命运共同体”的内涵，以建立科学的世界观、人生观和价值观。

【原文】

1. 这个世界，各国相互联系、相互依存的程度空前加深，人类生活在同一个地球村里，生活在历史和现实交汇的同一个时空里，越来越成为你中有我、我中有你的命运共同体。

——2013 年 3 月 23 日，习近平总书记在莫斯科国际关系学院的演讲

2. “大道之行也，天下为公。”和平、发展、公平、正义、民主、自由，是全人类的共同价值，也是联合国的崇高目标。目标远未完成，我们仍须努力。当今世界，各国相互依存、休戚与共。我们要继承和弘扬联合国宪章的宗旨和原则，构建以合作共赢为核心的新型国际关系，打造人类命运共同体。

——2015 年 9 月 28 日，习近平总书记在美国纽约联合国总部举行的第七十届联合国大会一般性辩论时的讲话

3. 让和平的薪火代代相传，让发展的动力源源不断，让文明的光芒熠熠生辉，是各国人民的期待，也是我们这一代政治家应有的担当。中国方案是：构建人类命运共同体，实现共赢共享。

——2017 年 1 月 18 日，习近平总书记在联合国日内瓦总部的演讲

4“一带一路”建设是我们推动构建人类命运共同体的重要实践平台。几年来，“一带一路”建设从理念到行动，发展成为实实在在的国际合作，取得了令人瞩目的成就。要抓好首届“一带一路”国际合作高峰论坛成果的落实，凝聚各方共识，规划合作愿景，扩大对外开放，加强同各国的沟通、协商、合作，推动“一带一路”建设走深走实、行稳致远，更好造福各国人民。

——2018 年 5 月 15 日，习近平总书记在中央外事工作委员会第一次会议上的讲话

5. 人类发展进步大潮滚滚向前，世界经济时有波折起伏，但各国走向开放、走向融合的大趋势没有改变。产业链、价值链、供应链不断延伸和拓展，带动了生产要素全球流动，助力数十亿人口脱贫致富。各国相互协作、优势互补是生产力发展的客观要求，也代表着生产关系演变的前进方向。在这一进程中，各国逐渐形成利益共同体、责任共同体、命运共同体。无论前途是晴是雨，携手合作、互利共赢是唯一

正确选择。这既是经济规律使然，也符合人类社会发展的历史逻辑。

——2018 年 11 月 30 日，习近平总书记在二十国集团领导人峰会第一阶段会议上的发言

6. 人民渴望富足安康，渴望公平正义。大时代需要大格局，大格局呼唤大胸怀。从“本国优先”的角度看，世界是狭小拥挤的，时时都是“激烈竞争”。从命运与共的角度看，世界是宽广博大的，处处都有合作机遇。我们要倾听人民心声，顺应时代潮流，推动各国加强协调和合作，把本国人民利益同世界各国人民利益统一起来，朝着构建人类命运共同体的方向前行。朝着构建人类命运共同体方向不断迈进。

——2021 年 7 月 6 日，习近平总书记在中国共产党与世界政党领导人峰会上的主旨讲话

7. 中国共产党是为中国人民谋幸福的政党，也是为人类进步事业而奋斗的政党。我们将高举和平、发展、合作、共赢旗帜，同世界各国人民深化友谊、加强交流，推动建设新型国际关系，推动构建人类命运共同体，推动共建“一带一路”高质量发展，以中国的新发展为世界提供新机遇。

——2021 年 7 月 16 日，习近平总书记在参观“友好往来 命运与共——党和国家领导人外交活动礼品展”时强调

8. 中华民族传承和追求的是和平和睦和谐理念。我们过去没有，今后也不会侵略、欺负他人，不会称王称霸。中国始终是世界和平的建设者、全球发展的贡献者、国际秩序的维护者、公共产品的提供者，将继续以中国的新发展为世界提供新机遇。

——2021 年 9 月 21 日，习近平总书记在第七十六届联合国大会一般性辩论上的讲话

9. 人类是一个整体，地球是一个家园。任何人、任何国家都无法独善其身。人类应该和衷共济、和合共生，朝着构建人类命运共同体方向不断迈进，共同创造更加美好未来。推动构建人类命运共同体，不是以一种制度代替另一种制度，不是以一种文明代替另一种文明，而是不同社会制度、不同意识形态、不同历史文化、不同发展水平的国家在国际事务中利益共生、权利共享、责任共担，形成共建美好世界的最大公约数。

——2021 年 10 月 25 日，习近平总书记在中华人民共和国恢复联合国合法席位 50 周年纪念会议上的讲话

10. 中国共产党百年奋斗的一条重要历史经验就是坚持胸怀天下，始终关注人类前途命运。中国支持多边主义的决心不会改变，将坚定维护多边主义的核心价值和

基本原则，坚持互利共赢，坚持求同存异，坚持公平正义，坚持合作发展，为人类文明进步贡献智慧和力量。

——2021 年 12 月 5 日，习近平总书记向“2021 从都国际论坛”开幕式发表视频致辞

【课文注释】

①人类命运共同体：旨在追求本国利益时兼顾他国合理关切，在谋求本国发展中促进各国共同发展。“人类命运共同体”是习近平总书记提出来的全球人类共同价值观。本文由编者整理。

【解析要点】

“人类命运共同体”是习近平总书记提出来的全球人类共同价值观，旨在追求本国利益时兼顾他国合理关切，在谋求本国发展中促进各国共同发展。本文选取习近平总书记关于“人类命运共同体”的发言，较为系统地展现出“人类命运共同体”内涵意义以及中国人民构建“人类命运共同体”前所未有的决心。

1.“人类命运共同体”的理论基础。中华民族自古以来便倡导“以和为贵”“协和万邦”“大道之行，天下为公”“四海之内皆兄弟”“君子和而不同”。天下大同、世界一家，源自中华民族悠久文明历尽沧桑始终不变的天下情怀。时至今日，当今世界面临百年未有之大变局，习近平总书记满怀全世界人类的期待，提出了“人类命运共同体”，是建立在“共同利益观”“可持续发展观”“国际权力观”“全球治理观”等理论内涵之上的。

2.“人类命运共同体”的构建方式。“人类命运共同体”的构建需要全世界人类齐心协力。中国作为世界大国，责无旁贷，担负起全世界人类命运的重任，展现了大国情怀的宽阔胸襟。“坚持多边主义”“维护世界和平发展”“参与全球治理”是中国构建“人类命运共同体”的三大举措。

【思考题】

1. 简述“人类命运共同体”的内涵。
2. 试论构建“人类命运共同体”的理论意义。
3. 试论当前世界影响构建“人类命运共同体”的因素有哪些。

综合实践课

南海神庙，地处广州黄埔，是中国四大海神庙中唯一保存下来的规模最大、最完整的海神庙。因临近珠江出海口黄埔港，成为古代海上丝绸之路发祥地之一，在我国对外交通贸易中起到了重要作用。海上丝绸之路是中国古代与外国交通贸易和文化交往的海上通道，主要以南海为中心，古称“广州通海夷道”。

现在，我们就从南海神庙出发，漂洋过海，去探秘古代海上丝绸之路上的闲美风物、异域风情。

1. 活动名称：探秘古代海上丝绸之路。

2. 目的任务：

（1）准备一张世界地图，将古代海上丝绸之路的节点城市连接起来。并写一篇解说词，把这些节点城市的特点介绍出来。

（2）文化拾遗。搜集古代海上丝绸之路沿途代表性的文学作品或者代表性的歌唱、舞蹈艺术，选择其一，运用朗诵、声乐、舞蹈的方式表现出来。

3. 活动程序：

（1）介绍城市任务活动程序：制定活动方案—选定对象—查找资料—撰写解说词—制作展示 PPT—汇报路演。

（2）文化拾遗任务活动程序：制定活动方案—选定对象—查找资料—选定展示方式—练习展示方式—汇报路演。

4. 活动成果：景物解说和舞台艺术表演。

5. 评价方案：

（1）自评与互评相结合。

（2）阶段性评价与综合性评价相结合。

6. 活动建议：

（1）以小组为单位，采取合作探究的方式完成。

（2）解说词字数不少于 3000 字；汇报路演不少于 10 分钟。

研究探索课

1. **选题指导**

对话先贤圣哲　感悟金玉良言

“人类命运共同体”是本专题的主题。选讲了《礼记·礼运》等六篇文章。“人类命运共同体”旨在追求本国利益时兼顾他国合理关切，在谋求本国发展中促进各国共同发展。“人类命运共同体”关乎于全世界人类的共同命运，是古今中外全世界人类共同的心理诉求。请反复诵读以下金玉良言，探究先贤圣哲的人生智慧。

大道之行也，天下为公。

——《礼记·礼运》

君子敬而无失，与人恭而有礼，四海之内，皆兄弟也。

——《论语·颜渊》

谨庠序之教，申之以孝悌之义，颁白者不负戴于道路矣。

——《孟子·寡人之于国也》

君子和而不同，小人同而不和。

——《论语·子路》

各美其美、美人之美、美美与共、天下大同。

——费孝通

以上诗文不胜枚举，足以体现中国文化的传承对世界大同、天下一家的深远影响。请同学们结合所学，深入探究，谈谈你的理解，并完成一篇小论文。

2. **研究方法与材料收集**

以马克思主义唯物辩证法为基础，结合文献研究法、理论联系实际法、归纳法等方法进行研究。

3. **成果展示**

以小论文形式展示，论文字数不少于1500字。

要求：论点清晰，论据充分，论证有力。